INTRODUÇÃO
À HISTÓRIA DAS SENSIBILIDADES

Dados Internacionais de Catalogação na Publicação (CIP)
(Câmara Brasileira do Livro, SP, Brasil)

Granger, Christophe
Introdução à história das sensibilidades / Christophe Granger, Sarah Rey ; tradução de Caesar Souza. – Petrópolis, RJ : Vozes, 2025.

Título original: Introduction à l'histoire des sensibilités.
ISBN 978-85-326-7257-5

1. Civilização – História 2. Sensibilidade 3. Sentidos e emoções 4. Sociedade – História I. Rey, Sarah. II. Título.

25-278238 CDD-909

Índices para catálogo sistemático:
1. Civilização : História 909

Eliane de Freitas Leite – Bibliotecária – CRB-8/8415

INTRODUÇÃO À HISTÓRIA DAS SENSIBILIDADES

Christophe Granger **Sarah Rey**

Tradução de Caesar Souza

EDITORA VOZES

Petrópolis

Tradução do original em francês intitulado *Introduction à l'histoire des sensibilités*.

Direitos de publicação em língua portuguesa – Brasil:
2025, Editora Vozes Ltda.
Rua Frei Luís, 100
25689-900 Petrópolis, RJ
www.vozes.com.br
Brasil

Diagramação: Sheilandre Desenv. Gráfico
Revisão gráfica: Nilton Braz da Rocha
Capa: Larissa Sugahara

ISBN 978-85-326-7257-5 (Brasil)
ISBN 978-2-348-08255-9 (França)

Este livro foi composto e impresso pela Editora Vozes Ltda.

Sumário

Introdução

Como as emoções se transformaram com o tempo? Experienciamos sentimentos de ódio ou de piedade há um século ou há dois milênios? Como percebemos os ruídos e odores? Atribuímos a mesma atenção às sensações?

As sensibilidades ocupam um lugar central em nossas sociedades. Elas intervêm em tudo: na organização do trabalho – onde a felicidade é o tema dos *coachs* nas empresas –, na constituição das grandes causas morais, nas "percepções" dos desportistas e na viralidade das relações na internet, mas também na mobilização contra as crises ambientais e na raiva ou indignação que leva as pessoas às ruas.

Nada surpreendente, portanto, no fato de a história das sensibilidades constituir hoje uma próspera corrente de pesquisas. Há duas décadas os trabalhos se multiplicaram (teses, colóquios, revistas, obras, entre outros), e o interesse dos estudantes se afirma a cada ano, a ponto de alguns não hesitarem em falar de *affective turn* [virada afetiva] (Howes, 2003; Leys, 2011). O rótulo é cômodo, mas é enganoso. Como ocorre quando um domínio de pesquisa se constitui, o estudo das sensibilidades permanece uma grande heterogeneidade. Não recobre somente objetos e procedimentos diversos; adota posições interpretativas, por vezes contraditórias.

É por isso que nos pareceu necessário esclarecer a forma pela qual se faz a história das sensibilidades e o que podemos esperar dela: como produzimos dados pertinentes na matéria, sobre que tipos de provas repousa a argumentação, como se escreve com exatidão essa história e o que ela permite compreender sobre o passado e o presente? Todos esses aspectos são tratados aqui de maneira concreta, a partir de exemplos provenientes de diferentes domínios (econômico, religioso, familiar, político) e de diferentes períodos canônicos da disciplina histórica. A extensão da proposta e a dimensão metodológica que tivemos de lhe dar justificam a forma deste livro: é uma introdução.

Um procedimento de conhecimento

O desejo de criar um lugar para as sensibilidades na história tem cerca de um século. O primeiro capítulo retorna às condições de sua emergência. Mas importa sublinhar, para começar, que ela é acompanhada de uma longa desconfiança. Por muito tempo, seus objetos (o amor, as lágrimas, o medo, a morte, entre outros) pareceram subalternos, frágeis ou "femininos"; seus métodos, híbridos e, por vezes, impressionistas, dando-lhe um aspecto pouco seguro; de um modo mais geral, transgredia o primado concedido aos mecanismos racionais na explicação das sociedades passadas. Ao se afirmar como história possível, essa dificuldade nada tem de secundária: forneceu à história das sensibilidades duas características que fazem dela o que é hoje.

A primeira característica concerne ao lugar que lhe cabe no espaço dos conhecimentos históricos. No princípio da história das sensibilidades há o desejo de ampliar o questionário erudito: como esperar compreender as sociedades passadas sem dar um lugar à amizade, ao ódio, ao papel do olhar, do olfato, da dor, do tédio, do sentido do belo ou do monstruoso, ou ainda às maneiras sofisticadas pelas quais outrora se chorava ou se ria? Abrir a história às sensibilidades, ao menos para aqueles que se valem de Jules Michelet, é, assim, ocupar-se com a escrita de uma história dotada de um "realismo" maior, é querer assumir um complemento de vida.

Porém, dizer que é necessário passar dela para o estudo do sensível não é dizer como convém fazê-lo. É a outra característica. Vinda mais tarde, à medida que os "objetos" possíveis de história se multiplicavam, ela concerne à elaboração de um dispositivo de saber. Não basta descobrir que os romanos não riam como nós nem das mesmas coisas; é necessário extrair compreensões sobre eles e sobre nós (Beard, 2012).

Contribuições e objetivos

Dedicada a descrever a formação e a transformação dos modos de percepção e de apreciação do mundo, a história das sensibilidades está longe de ser unificada sobre esse tema. As tradições historiográficas nacionais ou internacionais pesam sobre ela, e também adota as expectativas sociais com as quais os historiadores devem transigir. Apesar de sua diversidade, ela constitui um verdadeiro domínio de pesquisa, do qual os conhecimentos vêm enriquecer a compreensão dos grandes problemas sociais, políticos, econômicos, científicos ou religiosos. Como aprendemos a sentir e a perceber na sociedade, as sensibilidades não são um complemento da alma: estão no centro dos grandes princípios de organização do mundo social. O mau odor atribuído aos pobres ou o ouvido refinado do qual se prevalecem os conhecedores são ao mesmo tempo o produto de uma história e um material para esclarecê-la.

A fecundidade dessa história se mensura à luz dos problemas que permite engendrar. Ela abre o caminho para questionamentos renovados sobre o individual e o social, o passado e o presente, o conformismo e a criatividade possível dos atores. Mas, se merece ser discutida, é também porque faz valer as regras da profissão. Que tipo de história escrevemos quando devemos conciliar o cuidado de fazer sentir e o de fazer ciência? Enfim, ela é – e esse é um traço que a torna hoje necessária – o meio de não abandonar à biologia e às neurociências a explicação dos comportamentos sensíveis ou afetivos. Destacar a historicidade dos modos de sentir e de perceber, mostrar que são incorporados a contextos, grupos ou sociedades muito particulares e que mudam com o tempo, permite reafirmar na matéria um papel para a história na elaboração dos conhecimentos públicos.

Com certeza, há um desafio em pretender tratar juntos sensações, sentimentos, emoções e modalidades da percepção. É um bom meio de mostrar a coerência de uma abordagem historiadora e a fecundidade dos conhecimentos que produz. Por essa razão, parece-nos importante conjugar aqui o olhar de uma historiadora especialista na Antiguidade e de um historiador especialista da época contemporânea. Mas optamos por não nos ater a justapor nossos conhecimentos aproveitando os períodos prediletos de cada um: sobre cada objeto, independentemente de seu enraizamento cronológico, cruzamos nossos olhares de modo a dar coerência a essa abordagem. Um último ponto merece atenção: sob todos os aspectos de que trataremos aqui, os canteiros abertos pela história das sensibilidades são numerosos. Demais para figurarem todos aqui. Aqueles que selecionamos, provindos dos quatro grandes períodos da história, servem para dar conta da vitalidade dos trabalhos realizados, mas, também, para encorajar trabalhos futuros.

Após ter buscado ver como nasceu a história das sensibilidades (capítulo 1), será contemplada a dimensão propriamente sensorial que lhe está vinculada (capítulo 2), e depois sua parte afetiva, da esfera íntima à escala coletiva (capítulo 3). Os usos políticos do sensível serão em seguida colocados em questão (capítulo 4). Enfim, serão examinados os problemas metodológicos postos pela análise das sensibilidades, bem como sua capacidade de interrogar o mundo no qual vivemos (capítulo 5).

1

Gênese de uma "história sem nome"

Para nos familiarizarmos com a história das sensibilidades é necessário inicialmente compreender de onde ela vem e como tomou forma. A tarefa é perigosa. Corremos o risco de inventar posteriormente precursores, semelhanças ou influências. A dificuldade também é acompanhada por um conjunto de rótulos clássico. Tendemos, para lhe dar importância, a inscrever essa história nas gloriosas correntes do pensamento ocidental. Alguns a tornam o último avatar da história cultural e, mais especialmente, da história das mentalidades "à francesa" (Wickberg, 2007). Outros veem nela o prolongamento da revolução insuflada no século XIX pelos "mestres da suspeita": Karl Marx, Friedrich Nietzsche e Sigmund Freud (Mazurel, 2014). Essa busca pelas origens intelectuais é louvável, mas enganosa. Leva-nos a esquecer que a história das sensibilidades não é formada no vazio dos usos sociais: as sensibilidades se tornam objeto de interesse para a história à medida que ocorrem na sociedade. Mas essa história está ligada também à formação da profissão de historiadores e ao estado dos objetos legítimos da história. Em suma, não nasceu, num belo dia, da vontade de historiadores inspirados; mas também não poderia ser reduzida a uma longa cegueira que um movimento heroico do conhecimento finalmente subverteu.

Para restituir o modo pelo qual as sensibilidades se tornaram o objeto de uma abordagem do saber histórico, privilegiamos o traçado de uma ramificação geral que segue, tanto quanto possível, a pluralidade de vozes que nutre esse processo. Trata-se de tentar investigar como historiadores têm procedido para dar a essa área de conhecimentos um objeto e também um método.

Origens impossíveis: história e tragédia

Os historiadores não esqueceram as sensibilidades humanas. Ainda que a questão da historicidade dos sentidos ou dos sentimentos tenha ocupado um pequeno lugar em seus trabalhos antes do século XVIII, a verdade é que eles não cessaram de se perguntar qual interesse era necessário conceder aos sentidos, às emoções, às paixões na escrita da história. E não pararam também de se perguntar se era necessário dar a seus escritos uma direção sensível para emocionar ou encantar seus leitores. Todo o objetivo é compreender como enfrentaram o problema à medida que a profissão de historiadores se definia.

Dilemas antigos

Desde a Antiguidade greco-romana, os historiadores se preocupam em não permanecer na superfície dos eventos, em uma neutralidade de exposição que oculta os envolvimentos afetivos das pessoas que retratam. Ao mesmo tempo, têm vergonha de mostrar paixões que poderiam fazer seus livros passarem para o lado da poesia trágica. Há muito tempo, com efeito, como mostram os poemas homéricos, o domínio dos sentimentos humanos está incorporado ao registro poético. "Quando paixões os agitam, os personagens de Homero exprimem integralmente seu interior nas falas que pronunciam" (Erich Auerbah, 1946). Desde suas origens, a história, pressionada entre filosofia e tragédia, pergunta-se qual tipo de narrativa deve se permitir.

Na Grécia, no século III a.C., alguns historiadores, como Douris ou Filarco, não hesitavam em recorrer aos mesmos procedimentos que os poetas. Assim, Filarco privilegiava detalhes dramáticos capazes de suscitar a emoção dos leitores ou ouvintes, e, notadamente, de provocar neles o terror e a piedade, emoções que Aristóteles considerava tipicamente trágicas (Vanhaegendoren, 2010). Outros se opunham frontalmente a isso, defendendo uma concepção diferente da história. No século II a.C., Políbio, em suas *Histórias*, critica severamente Filarco, seu rival, acusando-o de se enganar de gênero:

> Buscando incitar a piedade em seus leitores e despertar sua simpatia, [Filarco] lhes descreve mulheres que se abraçam, com seus cabelos desfeitos e seus seios desnudos, ou ainda grupos de homens e mulheres chorando e gemendo, levados como escravos com seus filhos e seus pais. São efeitos que encontramos em toda sua obra, pois o autor se esforça em toda ocasião para oferecer à nossa imaginação cenas de horror. Não insistamos na baixeza e no aspecto feminino desses procedimentos.

A divisão que se organiza assim é importante e durável. A tragédia assume a dimensão sensível e efetiva das existências humanas e o faz de tal modo que suscita emoções no público. À história cabe relatar as batalhas, as pestes, os reinos, e, nessas narrativas, ser cautelosa com o *páthos*, visando antes de tudo a convencer aqueles que leem ou escutam. Na verdade, a oposição é muito estrita. Não somente porque encontramos batalhas plenas de *páthos* em Tucídides, Políbio e Plutarco, mas, sobretudo, porque, mais do que a verdade, é a sugestividade da narrativa histórica, sua capacidade de inspirar os sentimentos de estupor ou de perturbação experienciados pelos testemunhos, que forja entre os antigos a definição da história (Ginzburg, 1988). "O melhor historiador é aquele que, graças ao patético e aos personagens, dá à sua narrativa o relevo de um quadro", observa Plutarco em *A glória dos atenienses*, avaliação que encontramos também em *Como se deve escrever a história*, de Luciano de Samósata.

Os historiadores da Antiguidade, portanto, não ignoram as sensibilidades. Mas o uso que fazem delas é de uma ordem muito particular: para eles não são um objeto digno no conhecimento do passado, mas um auxílio retórico de persuasão pelo qual a história se torna história. Muitos historiadores se proíbem incursões muito longas no domínio do sensível, muitas vezes reservado aos apartes, aos excursos, ou deixados às biografias, esses concorrentes discretos, mas eficazes, na matéria.

História trágica e história medieval

Uma boa parte da historiografia medieval (Éginhard, Jean de Joinville) mantém a lição dos antigos. Na Idade Média, os clérigos leem, copiam e traduzem os escritos. Fora da biografia, cujo gênero prospera no Ocidente com as vidas de santos, o domínio dos sentimentos e dos estados da alma continua a suscitar suspeita. A desconfiança se explica pela similaridade da relação com a história. Mas se compreende também pelos procedimentos historiográficos adotados. Na Idade Média, a história é concebida como um meio de sustentar a teologia. Assim, ela adota princípios de erudição e de conservação da memória do passado que a afastam de narrativas fabulosas ou ingênuas que o século XIX gostaria de reter dela (Guenée, 1980). Voltada para a erudição e para a busca de documentos, estruturada por uma preocupação tripla com os personagens, os vínculos e a cronologia, a história medieval se dá novos motivos para separar o sensível do conhecimento do passado.

Os episódios trágicos não estão ausentes dos textos, muito menos as notações de tonalidade afetiva, quando permitem pintar um quadro edificante (ou seja, convincente) do evento. Em sua crônica da batalha de Bouvines (1214), Guilherme o Bretão, testemunha do combate, implementa esse uso moral do sensível. Ele descreve os mensageiros que cavalgavam enquanto "o rei repousava um pouco sob a sombra de um freixo", extraindo daí o momento dramático do evento: "eles proferiam gritos fantásticos e horríveis dizendo que seus inimigos estavam vindo e que se preparassem duramente para o combate". Mais adiante, ele usa um registro afetivo para louvar a grandeza do rei. Convocando os nobres diante dele, esse último, fazendo valer a "grande piedade de seu coração", poupa-lhes a vida. A narrativa dos fatos, tecidos no gesto clássico real, é acompanhada aqui da habilidade do poeta: "Ó admirável clemência do príncipe! Ó piedade nova e formidável nesse século!" (Duby, 1973).

A história, preocupada com imparcialidade e documentos verdadeiros, também se torna história trágica. Para contar as proezas de príncipes e guerreiros, empresta técnicas do romance cortês, enfatiza comentários e mobiliza o material das paixões humanas para prender a atenção de seus leitores. Em suas *Chroniques* [Crônicas], Jean Froissart multiplica os episódios ilegítimos, as mortes trágicas, os casos de espíritos e possessões diabólicas. O episódio do sacrifício dos burgueses de Calais (1347), embora nada esconda de uma crença no caráter historicamente mutável dos afetos, testemunha esse emprego dos sentimentos na escrita da história. Na prática, é conforme ao ritual político de rendição e fornece ao rei da Inglaterra, que poupa os seis burgueses, a ocasião de um gesto de misericórdia. Em Froissart, os seis homens desesperados, de camisa e com a corda no pescoço, "chorando dolorosamente" diante do rei – e a própria rainha também chorando –, constituem um episódio que assume os traços de uma cena terrível e repleta de *páthos*, que reúne em uma mesma tragédia a vida e a morte.

Na ordem medieval da narrativa histórica, as sensibilidades têm, portanto, um lugar que pouco variou desde os historiadores antigos. A afetividade dos atores passados adorna as cenas históricas. Mas não é o objeto do conhecimento: vale, sobretudo, pelo efeito de persuasão dos leitores, pela tonalidade de verdade histórica que dá à narrativa. Para os historiadores que, ainda no século XVI, se inspiram em Heródoto, Tucídides ou de Tito-Lívio, essa posição é muito evidente.

Paixões e história na Idade Clássica

Podemos nos surpreender com essa longa continuidade, que dura, na verdade, até o século XVIII. No fim, a partir do século

XV e durante toda a Idade Clássica, nas artes, na medicina e na filosofia moral, o desenvolvimento de uma concepção renovada das paixões e de seu papel na definição e compreensão da natureza humana estava consolidado para dar um lugar novo às sensibilidades na escrita da história. O neoplatonismo de Marsílio Ficino, no *Comentário sobre o Banquete de Platão* (1469), promove uma valorização nova das paixões humanas. Ele faz a distinção entre a fruição da beleza e as volúpias *vehementes furioseque*, entre o amor nascido do ver e o nascido do tocar (Ansaldi, 2017). Contudo, essa leitura nova não leva os historiadores a inscreverem as paixões do passado nas narrativas históricas, muito menos a teoria dos humores, inspirada em Hipócrates e objeto de Robert Burton em sua *Anatomia da melancolia* (1621), ou o teatro elizabetano. Contudo, na Inglaterra do século XVI em William Shakespeare e na "comédia dos humores", tornada um gênero pelo dramaturgo Ben Jonson, a raiva e o tédio são levados ao centro dos grandes motivos da ação humana. A teoria das *Paixões da alma* (1649), que René Descartes desenvolve, não mudou a curiosidade dos historiadores com relação ao sensível.

Em sua concepção humanista, em Étienne Pasquier e Jean Bodin, ou na *Artis historicae penus* [A arte de escrever histórias], compilada em 1579, o trabalho dos historiadores conserva a dimensão exclusivamente retórica atribuída às sensibilidades. Se elas têm um lugar na narrativa, sob a forma de figuras comoventes ou apaixonadas, é para tornar a história eloquente de modo a fazê-la servir à sua finalidade moral (Guion, 2010). Em sua obra intitulada *Des anciens et principaux historiens grecs et latins* [Sobre os principais historiadores gregos e latinos antigos] (1646), François de La Mothe Le Vayer amplia, assim, a lição dos historiadores antigos, como o fazem Francesco Tobortello e Jean Chapelain: para os historiadores, é permitido "ser patético como Tito-Lívio na expressão das grandes ações, a fim de imprimir fortemente o amor à virtude ou a aversão ao vício, que são os frutos mais preciosos que podemos recolher da história". Enfim, a transição historiográfica importante que introduzem os antiquários no segundo século XVII, marcada pelo controle dos fatos e pela análise das moedas, medalhas e inscrições (Momigliano, 1983), não se presta, em seu método, a levar em conta paixões e emoções experienciadas pelas mulheres e homens do passado.

Nascimento de um objeto de história (séculos XVIII-XIX)

O ponto de transição se situa no século XVIII, e dá seus principais frutos historiográficos no seguinte. Para compreender o movimento que conduz os historiadores da época a fazerem dos sentidos e sentimentos passados verdadeiros objetos de história, é necessário considerar em conjunto duas mudanças que se nutrem mutuamente. De uma parte, a promoção das sensibilidades no quadro de valores sociais, que encontra sua tradução no nascimento da "alma sensível", e, de outra, na implementação de uma nova concepção da história que estende sua atenção ao cotidiano, às experiências privadas e à dimensão afetiva da existência dos povos passados.

A "alma sensível": uma virada social

A carreira das palavras é sempre instrutiva. A palavra "sensibilidade" é daquelas que experienciam no século XVIII uma extensão importante. Segundo Raymond Williams (1976), a palavra não apenas adquire nos discursos uma presença que não tinha, mas também se reveste de um sentido muito mais extenso. Até o século XV, "sensibilidade" é raramente usada, remetendo, sobretudo, às sensações e à parte física das emoções (mais próxima em inglês de *sensivity*). No século XVIII, a palavra se impõe nas artes, ciências, moral e filosofia, mas assume um sentido muito mais especializado. Rompendo com a alma sensível, cara a Platão, centrada nos sentidos internos e externos, excede o domínio circunstancial das sensações e o das emoções para designar uma certa qualidade de ser. É, desde então, dotada de sensibilidade qualquer pessoa que possa dizer que dispõe de uma relação refinada com a natureza, com as obras e com os entes, que se manifesta tanto por um gosto estético pela beleza como por um sentimentalismo cultivado que a leva a se comover com o destino dos outros. O artigo "Sensibilidade", do volume de 1765 da *Enciclopédia* de Denis Diderot e Jean Le Rond d'Alembert, destaca essa mudança, mesmo que permaneça muito comedida. Os órgãos da sensibilidade e a sensibilidade dos órgãos, a saúde e a doença organizam ainda o essencial do conhecimento. Mas se esboça outra dimensão: a "sensibilidade da alma", essa disposição humana que, assegurando em nós os sentimentos de humanidade e generosidade, "dá-nos um tipo de sagacidade em relação às coisas honestas".

A sensibilidade que se impõe, portanto, é uma disposição para se emocionar, uma inclinação para os sentimentos, um estado permanente de alerta para as coisas sensíveis, em suma, um *ser sensível a*. "Encantadora sensibilidade! Fonte inesgotável de tudo que há de precioso em nossos prazeres e de doce em nossas aflições!", escreve Laurence Sterne em seu *Viagem sentimental* (1768). Como, mais tarde, Jane Austen em *Razão e sentimentos* (1811), ele aponta o caminho de uma mudança mais profunda. A promoção das sensibilidades no século XVIII se apoia no desenvolvimento do romance e do público leitor feminino (Van Sant, 1993). Mas sua influência se manifesta muito além: nos debates estéticos sobre o sublime, nos debates filosóficos sobre o teatro, na *Teoria dos sentimentos morais* (1759) de Adam Smith, e até na medicina filosófica de Pierre Jean George Cabanis, em que *Rapports du physique et du moral de l'homme* [Relações entre o físico e o moral dos humanos] (1802) faz da sensibilidade o ponto em que se articulam fisiologia e temperamento (Saad, 2016).

Uma mesma metamorfose histórica atravessa e sustenta essa ascensão das sensibilidades. Assistimos ao nascimento da *alma sensível*, cuja trajetória se confunde com a de uma aristocracia e uma burguesia esclarecidas no centro das quais se desenvolvem não somente um certo sentimentalismo, mas também, em ruptura com Thomas Hobbes, a crença na benevolência humana inata. Ora, o que se afirma, então, sob o nome "sensibilidades" não é um objeto neutro. As sensibilidades encarnam um estilo de vida e uma maneira de ser que, por exemplo, passam pelo arranjo da natureza para o prazer do olhar. Elas são o produto da promoção social de qualidades pessoais de gosto e de sentimentalidade a partir das quais se organiza a relação legítima com o mundo e com os humanos (Williams, 1973).

A natureza humana e a forma concreta das sociedades

É importante ressaltar esse movimento, que se prolonga e floresce no século XIX, para compreender o que, no mesmo momento, leva a conceder às sensibilidades um lugar na história das sociedades. Essas últimas deixam de ser inicialmente um ingrediente retórico e, lá onde prevaleciam os grandes eventos que se tratava de tornar emocionantes, adquirem a dignidade de um verdadeiro objeto para os historiadores. Duas formas de história sensivelmente distintas se apropriam dela no mesmo momento.

É do lado da história "filosófica", como a pratica Voltaire, que o movimento é mais precoce e mais afirmado. Essa iniciativa historiadora se encaixa com os debates da época sobre a natureza humana. Ela se ordena pela preocupação de descrever por quais leis e quais instintos os humanos se organizam em sociedade e em "nações" desde as primeiras épocas. No *Ensaio sobre os meios e o espírito das nações* (1756), e mais ainda em *A filosofia da história* (1765), cujo título IV é "Sobre usos e sentimentos comuns a quase todas as nações antigas", Voltaire destaca o papel central dos sentimentos "naturais" na vida dos povos (caldeus, fenícios, egípcios, entre outros). "Todos temos dois sentimentos que são o fundamento da sociedade: a comiseração e a justiça", previne ele. "Quando uma criança vê seu semelhante chorando, experienciará angústias súbitas, ela as testemunhará por seus gritos e lágrimas; se puder, socorrerá quem sofre". Os humanos "sempre tiveram o mesmo instinto que os leva a se amarem em si, na companhia de seu prazer, em seus filhos, nas obras de suas mãos". De um modo mais geral, com Voltaire, a história é marcada por uma abertura nova.

Ela não se apropria somente dos sonhos, da magia, dos sacrifícios e da multidão de sentimentos "naturais": explora nesse sentido os testemunhos que deixaram os povos antigos (Moureaux, 2001).

Outra história prolonga essa linha em uma direção mais etnográfica. Marcada pelo rousseaunismo, uma armada de eruditos, de Jean Dusaulx a Louis Ramond de Carbonnières, parte, no fim do século, à descoberta da França. Eles se dedicam a encontrar, especialmente na vida camponesa, dos Pireneus ou do Auvergne, um estado de natureza preservado das corrupções da civilização. Trata-se para eles de explicar os hábitos de seu tempo os confrontando com outros modos de vida possíveis que, assim, eliminam sua obviedade. Contra uma história que só admitisse os reis e os "grandes eventos", eles propõem uma "história dos hábitos e das necessidades", que pretende reconstituir as formas concretas da vida em sociedade. Em sua *Histoire de la vie privée des français* [História da vida privada dos franceses] (1782), Pierre Jean-Baptiste Legrand d'Aussy lança, por exemplo, os princípios de uma história dos gostos e das condutas alimentares (Burguière, 2023). Os "pratos preparados", os "usos particulares das refeições" ou ainda a introdução da moda do café em Paris ocupam sua pena. A ampliação da história aos gostos, sentimentos e usos comuns se associa a um modo novo de considerar os textos. "Meu método, quando falo de um uso qualquer, explica Legrand d'Aussy, é citar o autor mais antigo no qual o encontrei".

Nas últimas décadas do Antigo Regime, essas duas correntes manifestam um mesmo vigor da história com relação às coisas da sensibilidade – vigor que se concilia com a valorização social dessa última na vida da época. Eles tornam possível a iniciativa mais sistemática que propõem nesse sentido os historiadores do século XIX.

Scott, Michelet e a história sensível dos povos

Muitas vezes, dá-se a Michelet o crédito de ter estabelecido os marcos de uma história capaz de devolver ao passado sua dimensão sensível. E, de fato, como anuncia em sua *História da França*

(1869), Michelet, liberal e anticlerical, filho de um tipógrafo, visa à "ressurreição da vida integral", "não em suas superfícies, mas em seus organismos interiores e profundos". Ele lê milhares de fontes e tira delas uma história marcada pelo pitoresco e pelas exaltações líricas, discernindo, assim, problemas inéditos (Petitier, 2006). Ele se interessa pelos terrores do ano 1000, pelo café que "dá seu calor às almas calorosas", pela vestimenta, pelo sangue, pela multidão de mulheres em *O povo* (1846), pela história do bocejo em *A feiticeira* (1862), e, como faz para as jornadas revolucionárias, anima sua narrativa com cenas de ação cheias de vida.

> Era meio-dia. Esse ruído sinistro ressoando pelos desvios do vale profundo, os camponeses rudes da Tronche e das comunas próximas, em um transporte terrível, pegam seus fuzis, correm. Mas as portas estavam pregadas. Eles vão buscar escadas. Por azar, elas são curtas.

Mas, atribuir essa virada para a história-ressurreição somente a Michelet é esquecer que procede de um movimento bem mais vasto. Esse movimento é aquele misturado ao romantismo, que, na Europa a partir da década de 1810, vincula firmemente o romance histórico e a construção de grandes histórias nacionais. O escocês Walter Scott, oriundo da pequena nobreza conservadora, fornece o modelo mais influente. Seu *Ivanhoé* (1819), que mistura cenas históricas e personagens fictícios, implementa a preocupação com uma história nova, voltada à ressureição completa do passado. Em uma Idade Média povoada de ruínas, de cenários poéticos e de costumes descritos em detalhe, a narrativa histórica se alimenta de pilhagens e de vícios. As traições do rei mau, assim como a grandeza da alma dos camponeses e dos fora da lei que se revoltam contra ele, formam o terreno fértil sensível onde toma vida a história da nação (Thiesse, 1999). Scott tem também o cuidado de acrescentar documentos históricos a seus efeitos romanescos e de discutir com os leitores o grau de fiabilidade das descrições que dedica à exaltação das paixões (Hautbout, 2016).

A história-ressurreição que os romances de Scott inauguram encontra um grande sucesso. Ela entusiasma a jovem geração dos historiadores, de Augustin Thierry a Thomas Macaulay, adeptos de uma história romanesca e imaginativa (Hamnett, 2011). Em 1820, Thierry escreve:

> É em um romance que [Scott] começou a esclarecer esse grande ponto da história e a apresentar de forma viva e nua essa conquista normanda, que os narradores filósofos do último século, mais falsos que os cronistas iletrados da Idade Média, ocultaram, elegantemente, sob as fórmulas banais de *sucessões, medidas estatais, conspirações reprimidas*, *poder* e *submissão social*.

A história "à Scott" – que encontra também seus continuadores em meio aos romancistas, Honoré de Balzac e o Victor Hugo de *Notre-Dame de Paris* (1831) – aclimata uma concepção da história repleta de paixões humanas, onde os eventos se concentram em dramas. Mas é também uma história aberta ao "mundo subalterno", às formas de dormir, de beber e de comer, à hora e ao clima (Auerbach, 1946).

Michelet se inscreve nessa tendência, impregnada de romantismo, que é seguida também por uma geração de historiadores. Encontramos vestígios dela, com posições políticas adversas, no escocês Thomas Carlyle, oriundo de um meio calvinista estrito. Em sua *História da Revolução Francesa* (1837) ele coloca em cena multidões sanguinárias, homens mutilados, massacrados e enforcados em postes de luz, cabeças fincadas no alto de lanças de três metros, para suscitar o desgosto dos leitores e advertir, no presente, sobre os perigos do sansculotismo (Jumeau, 2005). Mas encontramos nela também o prolongamento na iniciativa micheletiana que o suíço Jacob Burkhardt empreende em *A civilização da Renascença italiana* (1860). Dedicado a restituir a mentalidade de um povo e de uma época, estuda tanto sua arte como os corpos e a moda feminina.

Se não sistematizou o estudo de sua transformação no tempo, a escrita da história se abriu nos séculos XVIII e XIX para a recomposição das sensibilidades passadas. Esse movimento dá à história das sensibilidades dois traços importantes: é duravelmente mesclada de romantismo, e pouco se destaca da construção das histórias nacionais, que ocupa tanto o século XIX.

A "vertigem das abundâncias"

O movimento que se opera no século XX não é, portanto, uma invenção. Contudo, tem envergadura. Mais numerosos, os trabalhos que provêm da história das sensibilidades são também mais unificados entre si, dotados de verdadeiros problemas de conhecimento e de um método de pesquisa. Apoiando-se na sociologia e na psicologia, uma história renovada se afirma, nomeia-se e se institucionaliza. Para compreendê-la, é necessário recompor os principais centros – um, alemão; o outro, francês – nos quais as condições de legitimação e de cientificização dessa história foram reunidas.

Um momento alemão: Nietzsche, Simmel, Boas, Weber

Entre 1870 e 1930, organiza-se um "momento alemão" na incorporação das sensações, emoções e afetos no campo dos conhecimentos eruditos sobre as sociedades. A filosofia de Friedrich Nietzsche não lhe é estranha. Filólogo, filho de um pastor luterano, ele elabora ataques inflamados (Mazurel, 2014). Mesmo em Michelet, vê apenas um "entusiasmo descontraído". A abordagem que ele propõe tem um contorno radical. Ao contrário da tradição platônica, ele exige uma genealogia da moral na qual dominam os instintos e as paixões. Dedica-se a encontrar o lugar do pessimismo na civilização helênica em *O nascimento da tragédia* (1872), pressente a importância de uma história da loucura, da solidão, da piedade e do ressentimento. Para ele, "todas as categorias de paixões devem ser pensadas separadamente, ao longo do tempo, dos povos, das pessoas grandes e pequenas". Em Nietzsche, as paixões antigas são responsáveis por revelar a relatividade de toda moral. Mas elas também servem para celebrar nos humanos uma "vontade de poder" concebida como intensidade de vida indispensável à conduta da existência. Em *A gaia ciência* (1886), ele escreve: "Até o presente, tudo o que deu cor às coisas não tem história: onde encontraremos uma história do amor, da avidez, do desejo, da consciência, da piedade, da crueldade?"

Mas o fio que vai de Nietzsche ao estudo das sensibilidades não segue uma linha tão reta. Antes de 1920, o pensamento de Nietzsche é pouco considerado. Sua influência é manifesta, todavia, em um sociólogo heterodoxo: Georg Simmel. Como Nietzsche, que ele estuda com cuidado (Amat, 2021), Simmel se interessa pelas formas de sentir e perceber. Faz delas o lugar de um conhecimento novo que procura nas pessoas e na cultura subjetiva a raiz de toda vida social. Ele estuda a moda, os ornamentos, a vergonha, as mulheres, os estrangeiros, e propõe um *Ensaio sobre a sociologia dos sentidos* (1907). Destacando quantas cidades modernas sobrecarregam a sensorialidade, tira daí uma teoria social do sensível: ainda que as *capacidades* sensoriais sejam comuns a todas as pessoas, as *maneiras* de perceber dependem de fatores subjetivos e históricos. As análises de Simmel – o "Freud dos estudos sobre a sociedade" (Everett Hughes) – constituem um marco importante na história das sensibilidades. No entanto, embora ele tenha exercido uma forte influência sobre a escola de Chicago, o lugar marginal que ocupou na universidade alemã (ele só foi nomeado professor em Estrasburgo em 1914) não permite sobrestimar a influência de seus trabalhos.

O vigor dos sábios alemães na direção de uma ciência social aberta aos afetos tem ainda outra fonte. Paradoxalmente, é um movimento operado nas ciências experimentais que libera a possibilidade de fazer das sensibilidades um objeto de interpretação para as "ciências da cultura". Na segunda metade do século XIX, em que a filosofia está entronizada, a fisiologia se afirma, com efeito, como fonte principal de explicação das sensações e emoções (Eitler, 2014). Ora, estudando a percepção dos sons e cores, Hermann von Helmholtz destaca que os mecanismos naturais não explicam tudo, e que é necessário mobilizar fatores culturais como a atenção, a memória e a invenção artística (Kalinowski, 2023).

No momento em que a sociologia alemã se estrutura, há aí um caminho para o desenvolvimento de uma ciência dos humanos em sociedade atenta à vida sensível. Encontramos um vestígio esquecido dela nos trabalhos de Franz Boas, formado na Alemanha e estabelecido nos Estados Unidos em 1886. Boas começa a se interessar pelos fenômenos sonoros entre os Esquimós nas investigações deixadas por Herman von Helmholtz, e depois analisa as tribos nativas do noroeste americano. Estudando os sonhos, os cantos, as danças e as tatuagens, mostra que cada cultura tem seu "estilo" em perpétuo movimento (Boas, 2017). Adepto ao empirismo do campo e oposto ao evolucionismo das teorias raciais, dá origem a uma antropologia cultural fecunda na qual as sensibilidades têm seu lugar. Na linha de suas investigações, os trabalhos de Edward Sapir, Margaret Mead e Gregory Bateson, notadamente os consagrados aos fundamentos culturais da personalidade (1942), e os mais tardios de Clifford Geertz sobre a cultura balinesa (1983), fazem da antropologia de Boas um elo importante na ciência histórica do sensível.

Mas é em Max Weber que encontramos a contribuição mais completa. Oriundo da burguesia industrial protestante, Weber, formado em história do direito, é o fundador da sociologia alemã. Leitor de Nietzsche (Fleury, 2005), inspirador de Simmel, continuador de Helmholtz e de Boas em sua *Sociologia da música* (1912-1913), também rompe com o evolucionismo, que irrigava então toda a justificação da nação alemã (Kalberg, 2012), para propor uma ciência comparativa das culturas aberta à dimensão afetiva. Em *A ética protestante e o espírito do capitalismo* (1904-1905), mostra o movimento pelo qual o puritanismo protestante forjado no século XVII se baseou em uma marginalização das emoções propícia à implantação do etos capitalista. Em sua *Sociologia da religião* (1913), e depois em *Hinduísmo e budismo* (1916), liberta da ancoragem fisiológica os gestos e atos religiosos primitivos, começando pelas danças "exaltadas" dos chlystes [flagelantes] russos ou dos dervixes rodopiantes, e mostra o quanto a dimensão simbólica das condutas humanas se enraíza no afetivo: "Quem dança, e quem dança até perder a consciência, 'diviniza-se', 'produz' em si o 'deus', ou seja, um estado extático de consciência vaga".

Uma abordagem se precisa. Quer se tratasse de explicar o estilo gótico, a poesia dos trovadores ou as harmonias musicais ocidentais, Weber mostra uma sociologia histórica que assume a missão de destacar afinidades entre essas produções culturais e o etos do grupo social particular que as exibe (Kalinowski, 2023). Focando o sentido subjetivo que as pessoas atribuem a suas condutas culturais, Weber dá à história das sensibilidades seu enraizamento nos conhecimentos compreensivos. Mas essa influência também vale para as oposições que origina.

Um momento francês: os durkheimianos, a psicologia coletiva e os primeiros Anais

Na França, a história das sensibilidades, tal como se forma no período entreguerras, inspira-se na sociologia durkheimiana, que adota um espaço de conhecimento totalmente diferente. Marcado pelos textos de Augusto Comte, Émile Durkheim – fundador de uma sociologia concebida como ciência – se opõe frontalmente à sociologia de Weber e de Simmel, deplorando o "gênero bastardo de especulação, no qual o real é expresso em termos necessariamente subjetivos" (Mesure, 1993). Em seus trabalhos sobre suicídio, religião e educação, Durkheim se dedica a mostrar, como escreve em *As regras do método sociológico* (1895), que os fatos sociais são o produto de instituições sociais, ou seja, de uma "restrição exterior" que possui uma "existência, independente de suas manifestações individuais". Em *As formas elementares da vida religiosa* (1912), Durkheim mostra, assim, que

> o luto não é um movimento natural da sensibilidade afligida por uma perda cruel; é um dever imposto pelo grupo. Lamentamo-nos, não simplesmente porque estamos tristes, mas porque devemos nos lamentar.

É, sobretudo, no entreguerras que esse modo de perceber o sensível se manifesta e nutre o trabalho dos historiadores. Marcel Mauss, fundador da antropologia francesa, formaliza seu princípio em um texto consagrado aos rituais funerários australianos, "A expressão obrigatória dos sentimentos" (1921). Mas o encontramos também em Marcel Granet, que estuda a "linguagem da dor" na China clássica (1922), e em *A mentalidade primitiva* (1922) do filósofo Lucien Lévy-Bruhl. Essa atenção maior à dimensão sensível das sociedades se explica por dois elementos históricos: por um lado, o desenvolvimento de uma sociologia católica e anticientífica leva os durkheimianos a situarem a análise no terreno das manifestações afetivas (Marcel, 2004); por outro, na psicologia francesa, o desenvolvimento de uma "psicologia coletiva" torna possível o diálogo entre o estudo do psiquismo e do social (Carroy *et al.*, 2006).

É em Maurice Halbwachs que essa sociologia das sensibilidades coletivas encontra sua realização mais certa (Fleury, 2007). Continuador de Durkheim e próximo de Mauss, Halbwachs estuda a memória (1925), o suicídio (1930) e o sonho entre os primitivos (1922) (Carroy, 2008). Ele também aclimata em meio às ciências sociais o trabalho do psicólogo Charles Blondel, do qual discute a *Introdução à psicologia coletiva* (1928). Ele encontra aí material para elaborar uma sociologia dos estados afetivos, que propõe em 1939 em um texto intitulado "A expressão das emoções e a sociedade". Para ele, como para Durkheim, os

> estados afetivos são tomados de correntes de pensamento que chegam à nossa mente de fora, que estão em nós porque estão nos outros [...]. Amor, ódio, alegria, dor, medo, raiva foram inicialmente experienciados e manifestados em comum, sob forma de reações coletivas. É nos grupos dos quais fazemos parte que aprendemos a exprimi-los, mas também a percebê-los.

Esse movimento dos durkheimianos na direção do sensível, que libera a possibilidade de estudar os estados afetivos, não como mistérios subjetivos, mas como o produto de instituições sociais, fornece, portanto, o terreno fértil de uma história das sensibilidades completa. Marc Bloch e Lucien Febvre, historiadores jovens em ruptura com a "história historizante" de seus mestres, são levados a essa sociologia e à psicologia coletiva inspirada nela para dar aos historiadores novos objetos (Hulak, 2012). Em um texto de 1921, consagrado às "falsas notícias da guerra", e que abre o caminho para o trabalho de Georges Lefebvre sobre *O grande medo de 1789* (1932), Bloch, que segue por um tempo os cursos de Durkheim na Sorbonne, interessa-se pelo fenômeno dos rumores, crenças e emoções coletivas, e como se formam e atuam, "ora exaltadas, ora derrotadas, as coragens". Mas é com *Os reis taumaturgos* (1924) – o grande livro que ele consagra ao rito real de tocar nas escrófulas – que ele inaugura um método de história atenta à profundidade das "mentalidades" e a tudo o que ele nomeia as "representações intelectuais e sentimentais".

Na formação dessa história há a marca da troca de ideias amigáveis e intelectuais que têm como centro de gravidade a Universidade de Estrasburgo (que se tornou novamente francesa). Bloch, que leciona lá, convive com Halbwachs e Blondel, mas também com o historiador Lucien Febvre, com quem funda então a revista dos *Annales d'histoire économique et sociale* [Anais de história econômica e social] (1929). Febvre – também inspirado pela psicologia coletiva e pelo trabalho "muito sugestivo" de Johan Huizinga sobre *O outono da Idade Média* (1919) – é precisamente aquele que dá à história das sensibilidades seu programa e sua coerência (Müller, 2003). Mais ainda que em *O problema da descrença no século XVI* (1942), que conta com um subcapítulo intitulado "Odores, sabores e sons", ele organiza o domínio em dois textos publicados em 1938: "História e psicologia" e "A sensibilidade na história" (retomado em 1941 sob o título: "Como reconstituir a vida afetiva de outrora?").

Febvre ali reivindica a ampliação da história às dimensões da vida e à reconstituição do amor, do ódio, do medo, da alegria. "Peço a abertura de uma vasta pesquisa coletiva sobre os sentimentos humanos fundamentais e suas modalidades. Quantas surpresas a prever!" A novidade se mensura pela coerência do objeto: não uma história que daria um lugar às sensibilidades, mas uma história *das* sensibilidades. O propósito é também metodológico: por meio da literatura, dos arquivos, das imagens, em suma, de um "poderoso esforço de erudição, mas também de imaginação", trata-se de "inventariar inicialmente em seu detalhe, e depois [de] recompor para a época estudada o material mental do qual dispõem as pessoas dessa época". O programa tem o entusiasmo dos começos. Febvre escreve:

> Pretender reconstituir a vida afetiva de uma determinada época é uma tarefa ao mesmo tempo extremamente sedutora e assustadoramente difícil. Mas e daí? Os historiadores não têm o direito de desertar.

Menos sofisticada que a dos durkheimianos na articulação do psíquico social, e menos voltada à análise dos poderes que a de Bloch, a opção de Febvre é aberta à influência alemã e à psicologia individual que ele empresta de Henri Wallon. Ela forma a matriz da história das sensibilidades como se desenvolveu após a Segunda Guerra Mundial, sobrevivendo, assim, à morte de Halbwachs (deportado a Buchenwald em 1945) e à de Bloch (torturado pela Gestapo e fuzilado em 1944).

A exuberante Idade Média de Johan Huizinga

Johan Huizinga (1872-1945), sanscritista de formação, é inicialmente o autor de uma tese sobre o lugar do bufão no teatro indiano. Curiosa introdução para aquele que em breve se tornará especialista nos últimos séculos da Idade Média ocidental. Na realidade, essa reconversão científica é efetuada sem abandonar a filologia: é como especialista em textos que o investigador neerlandês – fiel às recomendações da erudição alemã – institui sua carreira de medievalista, com a edição de fontes normativas de Haarlem. Mas Huizinga não tarda em se separar do positivismo de seu tempo, dirigindo-lhe, de passagem, algumas reprovações: "Nos últimos anos me tornei cada vez mais incapaz de gostar dessas obras ultracientíficas e ilegíveis que abundam em nossa ciência", escreve a seu colega Henri Pirenne em uma carta datada de 23 de outubro de 1917. Huizinga redige o livro que o tornará conhecido por um grande público: *O outono da Idade Média* (1919).

Centrado no mundo franco-borgonhês dos séculos XIV e XV, esse trabalho apresenta poucos capítulos com títulos explícitos, poucas notas, poucas escansões, poucas datas: Huizinga toma suas liberdades com as regras da profissão de historiador (Otterspeer, 2010). Em contrapartida, sua escrita alegre e confiante evidencia essa época de fervor, excessos, exuberâncias, sobrecargas. O universo que ele retrata parece saturado de emoções contraditórias: "Quando o mundo era cinco séculos mais jovem que hoje, os eventos da vida se destacavam com contornos mais marcados. Da adversidade à felicidade, a distância parecia maior; toda experiência tinha ainda esse grau de imediato e de absoluto que o prazer e a dor têm na mente de uma criança". A exposição não estava livre de certos preconceitos evolucionistas, mas terminava formando um retrato impressionante, expressionista da sociedade da Idade Média tardia.

Huizinga parte em busca do "*páthos* violento" da vida medieval, que ele encontra nas crônicas (Jean Froissart, Enguerrand de Monstrelet, Georges Chastellain, Olivier de La Marche), nas "vidas de santos", nos escritos dos teólogos e místicos e até em fontes tão inesperadas quanto os estandartes em forma de rébus. Aqui e ali, ele identifica a recorrência de algumas emoções coletivas. Pensemos, por exemplo, na moda das fogueiras das vaidades na segunda metade do século XV: "Era a concretização de uma emoção profunda em um ato público e solene, em conformidade com a mentalidade da época e sua tendência a criar, para cada coisa, um ritual". De um sentimento a outro, Huizinga abre uma multitude de caminhos. Em meio às perspectivas que destaca, algumas tocam nas práticas linguísticas, no simbólico das cores, na paisagem sonora através do lugar dos sinos e o papel dos tambores nos exércitos.

A busca é pontuada por reflexões sobre os documentos disponibilizados ao medievalista. Huizinga recusa contentar-se com fontes que qualifica de "oficiais", provenientes das administrações laicas ou eclesiásticas. E os dados econômicos não o retêm mais. Para se justificar, cita Jean Jaurès (*Histoire socialiste de la Révolution française* [História socialista da Revolução Francesa], vol. 4, 1904): "Na história não há somente lutas de classes; há também lutas de partidos. Compreendo que fora das afinidades ou dos antagonismos econômicos formam-se grupamentos de paixões, de interesses, de orgulho, de dominação, que disputam a superfície da história e que determinam agitações muito vastas". As paixões, os interesses, eis os verdadeiros motores da história segundo Huizinga, que desenha os contornos de uma Idade Média surpreendente.

Senha: "mentalidades"

Nas décadas de 1960-1980, a revista fundada por Bloch e Febvre, rebatizada *Annales* em 1946, é o centro de uma "revolução historiográfica" internacional que, ao exceder seu perímetro, dá às sensibilidades, ou mais exatamente ao que recebe inicialmente o nome "mentalidades", a estatura de um grande objeto de história (Burke, 1990; Burguière, 2006). É necessário evitar, aqui, abreviações. Do modo como se manifesta, a história das mentalidades toma por objeto central de suas investigações o estudo das culturas populares e eruditas, do cotidiano, da família e das culturas materiais. Mas – e a imprecisão dos vocábulos, sem dúvida, tem um papel importante – é também um ponto de passagem decisivo para o estudo dos sentimentos e das emoções, concebidos como componentes do mental. Sob a autoridade superior de Fernand Braudel, um grupo de jovens historiadores se forma no núcleo da VI seção da École pratique des hautes études [Escola Prática de Altos Estudos] (que se tornou EHESS em 1975). Após Georges

Duby, que consagra um primeiro artigo geral à "história das mentalidades", em 1961, esse grupo forma uma história que responde ao programa traçado por Febvre. Pelo estudo da "aparelhagem mental" – essa imprecisão psicológica constituída pelos pensamentos, crenças, imaginários, gostos, sentidos e sentimentos –, eles visam à restituição total das sociedades passadas.

No limiar da década de 1960, inicialmente, em uma nota crítica ("Pour une histoire de la sensibilité" [Para uma história da sensibilidade], 1959), e depois em sua *Introdução à França moderna* (1961), Robert Madrou dá uma primeira forma a essa história. A obra, com o subtítulo de "Ensaio de psicologia histórica", apresenta um capítulo de grande originalidade: "Sentidos, sensações, emoções, paixões". Ele destaca que as mulheres e os homens do século XVI vivem próximos da natureza, "que inalam, escutam, tocam de perto" e que a esses "sentidos afetivos exercidos, atentos, corresponde uma sensibilidade muito viva, muito impulsiva, como levada aos extremos por seu movimento, pela incerteza que também produz um conhecimento muito aproximativo desse mundo exterior". As sensibilidades, que vão, assim, das experiências sensoriais aos modos de ser, perpassam a abordagem e lhe dão seu fundamento. Mas a denominação da história que assim se escreve é debatida: história das mentalidades, psicologia histórica, antropologia histórica e mesmo, um pouco mais tarde, "nova história".

Alguns, como Alphonse Dupront, que a teoriza em "Problèmes et méthodes d'une histoire de la psychologie collective" [Problemas e métodos de uma história da psicologia coletiva] (1961), ampliam seu objeto em torno dos mitos, arquétipos e da "multiplicidade dos estados, formas, apetites, necessidades, sublimações da alma coletiva". Outros, como Philippe Ariès, em *A criança e a vida familiar no Antigo Regime* (1960), tiram dela material para elaborar uma história antropológica dos sentimentos filiais e familiares. O fato é que a questão das sensibilidades, solúvel naquela, mais vasta, das mentalidades, alimenta nas décadas de 1970-1980 um surgimento de pesquisas históricas: de *Montaillou, povoado occitânico* (1975), onde Emmanuel Le Roy Ladurie estuda os jogos do casamento e do amor, da sexualidade e da vergonha, a *O nascimento do purgatório* (1981), de Jacques Le Goff; de *Jardins d'Adonis* [Jardins de Adônis] (1972), onde Marcel Detienne restitui a mitologia antiga dos aromatizantes, à *História do medo no Ocidente* (1978), de Jean Delumeau, e à *Elegia erótica romana* (1983), de Paul Veyne.

Os sucessos dessa história estão longe de se limitar ao espaço francês. Na Inglaterra e nos Estados Unidos, onde um bom número desses livros são traduzidos, ela encontra prolongamentos que nela se inspiram. Natalie Zemon Davis (*As culturas do povo*, 1978), Keith Thomas (*O homem e o mundo natural*, 1983), Peter Brown (*The body and society* [O corpo e a sociedade], 1988), mas também Robert Darnton, Peter Gay e Peter Burke animam uma Internationale da história das mentalidades.

Debulhar as obras não basta, todavia, para dar conta do propósito dessa história mal-identificada. Na França, ela é, sobretudo, a realização de jovens, próximos dos *Annales*, muitas vezes oriundos de instituições "novas", em ruptura com a universidade; e ela pode contar com o apoio de editoras influentes como a Gallimard. Mas é também impulsionada pela preocupação com uma formatação teórica comum. Encontramos sua marca em *Fazer história* (1974), dirigida por Jacques Le Goff e Pierre Nora, que une entre eles esses objetos novos (o corpo, a festa, as mentalidades, a culinária, entre outros). O essencial desse ponto de vista reside, todavia, em dois pensamentos exteriores à história. O primeiro é o do filósofo Michel Foucault, cujos *Vigiar e punir* (1975) e *História da sexualidade* (1976) revolucionam o estudo das mentalidades ao convidarem os historiadores a estudar os discursos e as formas de governamentalidade (Hulak, 2013). O segundo é o do sociólogo Norbert Elias, que em *A civilização dos meios* (1939) e *A dinâmica do Ocidente* (1939) os incitam a estudar conjuntamente a evolução das estruturas psíquicas e a das restrições sociais, ligando psicologia e sociologia.

A discussão desses trabalhos, traduzidos tardiamente na França, é inegável e repleta de mal-entendidos. Contudo, acentuou a *normalização* para um e a *civilização* para o outro, e tornou a história do mental um modo de problematização do social. Com os trabalhos de Robert Muchembled (sobre a violência moderna) e de Georges Vigarello (sobre a metamorfose do corpo), os de Alain Corbin se inscrevem nessa tendência. Ao propósito muito foucaultiano de *Les filles de noce* [Garotas de programa] (1978), consagrado à prostituição, sucedem a história da atenção aos odores (1982), a das maneiras de massacrar (1990) e a da relação com o som dos sinos (1994), que revitalizam a história do século XIX pelo estudo das sensibilidades. Renovando essa tendência da história das mentalidades, Corbin tem, assim, um papel central na edificação de uma história das sensibilidades afirmada como tal.

O apogeu da história das mentalidades, manifestado nos volumes de *História da vida privada* (1987) e na efêmera revista *Mentalités*, lançada em 1988, marca também o momento de sua contestação. Os historiadores marxistas a reprovam por uma concepção despolitizante da história que se limitará a enunciar o mundo dominante. E, de fato, a história das mentalidades não se comunica (ou se comunica mal) com a história social de Edward P. Thompson ou com o marxismo literário de Raymond Williams, embora prolixos em matéria de sensorialidade e de sentimentos. Mas a crítica também incide sobre o método. A partir de 1976, em *O queijo e os vermes* (1976), Carlo Ginzburg recusa a noção de "mentalidades coletivas" e suas "extrapolações sem fundamento". Mais comedido, Roger Chartier (1983) estabelece os marcos de uma refundação teórica em um texto importante. Mobilizando a sociologia de Pierre Bourdieu (1979), defende uma "história cultural do social" capaz de questionar igualmente a formação das representações do mundo e o modo pelo qual são implicadas pelas pessoas nas suas práticas (Chartier, 1989).

A reconsideração é também pega na turbulência historiográfica do fim do século. Ela responde, sem dúvida, menos ao "fim das ideologias", que marca a queda do muro de Berlim, que ao "retorno do ator", que vê as ciências sociais se voltarem ao estudo compreensivo do sentido que as pessoas dão ao que vivem (Hartog, 2005). A importância reside na reelaboração de uma história das mentalidades cujos princípios explicativos não têm mais a confiança dos historiadores. A história das sensibilidades, fecundada pela das representações, emerge daí irreconhecível.

E hoje?

Nos últimos vinte anos, a história das sensibilidades tem se estabelecido como um espaço vivo de conhecimento. Em 1998, quando o *Essai de psychologie historique* [Ensaio de psicologia histórica], de Mandrou, é reeditado, o levantamento bibliográfico que Monique Cottret faz sobre o tema da história dos sentidos e dos sentimentos já parece excessivo. O domínio parece ainda mais vivo porque está baseado em duas fontes combinadas. Por um lado, a fonte da antropologia cultural norte-americana que, inserindo o tom interpretativo de Clifford Geertz, por meio dos trabalhos de Michelle Rosaldo (1980) sobre a "visão ilongote da vida emocional" nas Filipinas, de Abu-Lughod (1986) sobre a poesia sentimental das sociedades beduínas do Egito, de Catherine Lutz (1988) sobre as normas emocionais comuns em uma aldeia micronésia, e de Paul Stoller (1989) sobre o lugar das solicitações sensoriais (sons, especiarias, odores) entre os Songais do Níger, vê afirmar-se uma antropologia dos afetos na qual a história pôde se beneficiar do hábito de descentralizar as culturas sensíveis. Por outro lado, a *cultural history* americana, junto a Lynn Hunt, Thomas Laqueur e à revista *Representations*, constitui uma fonte intensa de renovação (Bonnell; Hunt, 1999).

As marcas desse desenvolvimento, que se nutre também da "redescoberta" dos trabalhos de pesquisadores versados na análise das formas afetivas como os de Aby Warburg (1923), são numerosas. A criação da revista *Sensibilités* em 2016 é uma delas, que se encontra no cruzamento dessas influências, como a das revistas internacionais especializadas *Senses and Society* e *Emotions: History, Culture, Society*. É necessário acrescentar ainda a formação, no Instituto Max-Planck de Berlim, de uma equipe especializada na história das emoções, e, em Londres, do Centro de história das emoções de Queen Mary University. A criação de coleções editoriais dedicadas à história do sensível, como "Emotions in history" [Emoções na história] que Ute Frevert e Thomas Dixon dirigem na Oxford University Press, bem como a realização de grandes iniciativas coletivas, como os seis volumes de *A cultural history of the senses* [Uma história cultural dos sentidos], em 2014, testemunham a vitalidade atual de um domínio do conhecimento que tende a se autonomizar.

A história das sensibilidades ganha aí uma presença decuplicada. Mas se apresenta como segmentada. O estudo dos sentidos e o das emoções constituem dois territórios com abordagens distintas. Na França, o desenvolvimento também é evidente. Mas segue um caminho diferente. Os trabalhos de Corbin, que consagrou alguns raros textos metodológicos para defender essa "história sem nome" (Corbin, 1992), conferiram-lhe uma certa unidade, que não é alheia à profusão dos trabalhos. Uma jovem geração de historiadores, que trata especialmente do século XIX – de Anne-Emmanuelle Demartini a Dominique Kalifa e a Sylvain Venayre – se esforçou para propor uma história da aventura (2000), do monstro (1998), do tédio (2011), da loucura (2006), da arrogância, da virtude (1999), da noite (1999), dos ritos políticos de aflição (2003) ou das altercações na aldeia (1994). E numerosas pesquisas fizeram o mesmo para os outros períodos, estudando a história da vergonha na Idade Média (2020), das lágrimas em Roma (2017), dos gritos medievais (2003) ou ainda da dimensão visual da Reforma protestante (2003), entre outros.

Mas há outro traço que caracteriza hoje essa história. Na década de 2000 os trabalhos refletiram uma reflexão teórica e metodológica aprofundada, testemunhada pelos debates que opuseram William Reddy e Barbara Rosenwein. Esses pontos de fricção sinalizam uma estruturação da abordagem. Mais amplamente, assistimos a uma mudança no uso que os historiadores fazem das sensibilidades. Elas deixaram de ser um objeto particular cuja história era necessário descrever (o ódio, o amor, entre outros) para se tornar um modo de questionamento que possibilita compreender como a vida em sociedade passa pelos sentidos e as emoções. A história inspirada do gênero das "masculinidades hegemônicas" de Raewyn Connell ou aquela ligada à teoria crítica da raça, que Ann Laura Stoler implementa em *Carnal knowledge and imperial power* [Conhecimento carnal e poder imperial] (2013) para mostrar como o ordinário colonial se apoiava no governo da intimidade, testemunham, junto a muitos outros, questões novas que as sensibilidades permitem colocar.

Herdeiras distantes de Políbio e de Voltaire, as tensões recentes que se destacam na definição da história das sensibilidades traduzem a vitalidade de uma história rica, tanto de instrumentos que oferece para a compreensão do passado quanto de opções teóricas por vezes adversas que a sustentam. Para termos sua medida, escolhemos vislumbrar alternadamente os domínios que a constituem: os sentidos, a vida afetiva e o uso das emoções nas condutas humanas.

2
O uso dos sentidos

Os sentidos têm uma história? Como mudam as maneiras de ver, de sentir ou de tocar? Como se transformam o que se apresenta ao olho ou ao nariz das pessoas e o valor que elas atribuem a essas mensagens sensoriais? Essas questões abrem para a história das sensibilidades um espaço de trabalho que tendemos a reservar à biologia: o da sensorialidade e seu uso.

A abordagem já é antiga. "A formação dos cinco sentidos é o trabalho de toda a história passada", afirma Karl Marx nos *Manuscritos de 1844*, que escreve em Paris, em uma posição de crítica à economia política. A questão dos sentidos, ligada à da atribuição do valor, serve inicialmente para denunciar o capital que esvazia o ente humano de suas qualidades humanas. "Para os humanos que morrem de fome, a forma humana do alimento não existe, mas somente sua existência abstrata enquanto alimento", escreve Marx. "Eis por que os *sentidos* do ente humano social são *diferentes* daqueles do ente humano não social; é somente graças à riqueza da essência humana revelada objetivamente que a riqueza da faculdade subjetiva de sentir do *ente humano* pode ser desenvolvida ou produzida, que um ouvido se torna musical, que um olho percebe a beleza da forma, em suma, que os *sentidos* se tornam sentidos que se afirmam como forças essenciais do *ente humano*".

Fazendo dos sentidos o produto de uma história, Marx não se opunha somente ao *Teeteto* de Platão; opunha-se mais diretamente à essencialização dos sentidos proposta por Emmanuel Kant e

Georg Wilhelm Friedrich Hegel. Um, em sua *Antropologia do ponto de vista pragmático* (1798), e o outro, em seu *Curso de estética* (1835), distinguem ainda entre os sentidos "que supõem uma influência *mecânica*" e os "que supõem uma influência *química*", entre os sentidos inferiores (paladar, olfato, tato), provedores do prazer, e os sentidos superiores (a audição e a visão), lugares de uma percepção intelectual ou artística que marca a "sensibilidade delicada". Embora poucos trabalhos de história das sensibilidades afirmem ter base em Marx, muitos herdam suas ideias (Smith, 2007). Ora, o que Marx introduz no estudo dos sentidos humanos é decisivo: não somente os cinco sentidos são suscetíveis de variar no tempo, mas são um dos pontos de realização mais profundos das dominações sociais e econômicas (Bourdieu, 1979; 1997).

Sob essa perspectiva – a da conceitualização dos sentidos, de sua hierarquia variável e de suas implicações sociais – a história sensorial, que muitas vezes é especializada no estudo de um ou outro sentido, veio fornecer lições consideráveis sobre a presença no mundo de mulheres e homens do passado.

O olho e o mundo visível

O olhar é, incontestavelmente, o sentido que suscitou mais, e mais cedo, a atenção dos historiadores. Inicialmente ligada à história da arte, a abordagem que visa a compreender as formas passadas de ver se estendeu à história das religiões e, depois, à da vida cotidiana.

Historicidade do olhar

Dentre outros, o grande livro que Erwin Panofsky – historiador de arte alemão exilado nos Estados Unidos em 1933 – consagra em 1924 ao nascimento da perspectiva no tempo da Renascença italiana constitui um marco decisivo. O trabalho permite compreender como se vislumbravam, a partir da pintura, os princípios de uma história do olhar. O mais novo, em Panofsky, é o conceito de *forma simbólica,* que o autor empresta do filósofo Ernst Cassirer. Mostra que a técnica de representação do espaço ao qual estamos presentemente acostumados (a perspectiva) implementa toda uma forma histórica de conceber as relações entre o ente humano e o mundo. Na perspectiva em que as regras matemáticas e artísticas "fazem referência às condições psicofísicas da impressão visual", há também o "triunfo desse desejo de poder que habita o ente humano e que nega toda distância" transformando arbitrariamente o "ponto de vista subjetivo" adotado pelos espectadores (o olho que olha) no ponto em torno do qual se organiza o mundo exterior (Panofsky, 1975).

O visual, por muito tempo abandonado à fisiologia, assume, assim, a dimensão de um importante domínio de análise. De Michael Baxandall a Ernst Gombrich, ou mesmo André Chastel e Daniel Arasse, a história social da arte (e, sobretudo, da pintura), comprometida em compreender por meio das obras a historicidade do olhar que as tornava possíveis, pouco a pouco delineia os princípios de uma história do olho no Ocidente. Em *L'oeil du quattrocento* [O olho do Quattrocento] (1972), Baxandall forja justamente o conceito de "cultura visual" para designar o olhar próprio de uma época (*period eye*). Ele não se contenta em ligar os traços pictoriais ao olho ao qual se destinam: estabelece como toma forma o olhar que permite apreciar os quadros de Filippo Lippi ou de Fra Angelico. "Uma pintura no século XV não se limitava a essa pintura que vemos hoje, mas era uma combinação da pintura e dos processos de visualização que os espectadores tinham anteriormente operado sobre o mesmo tema". Mostra, assim, que o olho mobiliza os exercícios espirituais habituais dos livros de orações, mas também as disposições visuais do cotidiano como o hábito das proporções, das cores e dos gestos (Baxandall, 1972),

Se nos parece oportuno evocar essa história do olho arraigada à história da arte, não é somente porque veio primeiro. É também porque ela revela a formação de uma abordagem distinta entre os historiadores.

Ver, visto, visível

Na França, as pesquisas de Guy Thuillier (1985), inspiradas por Febvre e Mandrou, estão entre as mais precoces. Ora, elas se enraízam em uma história totalmente diferente, que visa, inicialmente, a recompor o que, no século XIX, guiava o exercício do olhar. A Igreja, ele explica, que "desconfia muito do olhar", impõe estes princípios às senhoras dignas: "não ver, pouco ver, não tentar ver". Algumas usam o véu, que mascara o olhar, e a maior parte não olha seus corpos quando toma banho. O olho é, aqui, inteiramente destituído da ordem social que lhe imprime suas expectativas. Há um olhar dos artesãos, outro dos engenheiros e outro ainda dos analfabetos, cuja acuidade e memória visual "são mais fortes". É a multiplicação das solicitações visuais (cartazes, retrovisores, entre outros), conjugada ao desenvolvimento dos cuidados com a visão (óculos com e sem hastes), que se encarregaram de documentar esse "antigo regime da visão".

Como sublinha Corbin (1990), a abordagem possui as falhas de suas qualidades. Ela torna o olhar um objeto para os historiadores, mas cai em um positivismo que esquece que uma história da visão nada é se não estiver acompanhada de uma história das maneiras pelas quais olhávamos, das modalidades da atenção e da desatenção visuais e de tudo o que, na sociedade, podia condicionar o ato de ver. Para explicar que, no curso do século XVIII, as mulheres e os homens cultivados têm prazer no espetáculo visual do mar, impensável até então, é necessário recompor o desenvolvimento da teologia natural, dos conhecimentos geológicos e de uma cultura antiga revisitada. Do mesmo modo, para compreender como pôde se formar, na Renascença, um gosto inédito pelas ruínas (Forero-Mendoza, 2002) ou como a árvore e o bosque selvagem se tornaram motivos de deleite visual na Inglaterra do século XIX (Thomas, 1983), é necessário recompor toda a historicidade de uma cultura que organiza ao mesmo tempo o que deve ser visto, o modo como deve ser visto e a disposição para considerar agradável, belo, feio ou fútil o que é visto.

Vislumbrar, assim, a história da visão volta a colocar o problema dos sentidos de outro modo. Em particular entre os modernistas, as afirmações de Mandrou – segundo o qual, no século XVI, "o olho que organiza, classifica e ordena não é o órgão de predileção de um tempo que prefere escutar" – suscitaram desconfiança e objeção (Nakam, 1975). Não só porque o princípio de uma hierarquização dos sentidos repousa sobre uma visão que se mostra enganosa, mas porque o ver, no século XIII ou no século XV, é, na realidade, uma experiência radicalmente diferente daquela que conhecemos. Em seu estudo do cosmógrafo André Thevet – que descreve a Creta, o Egito e o Brasil entre 1549 e 1556 –, Frank Lestringant (1985) destaca o quanto, então, "o olhar provém [...] de uma problemática da 'autoridade' e não do registro da percepção"; em outros termos, o quanto o exercício do olho é ordenado à atividade anterior da organização sensível do mundo. Outros trabalhos, como os de Sylvie Barnay (1992) sobre as aparições da Virgem no Ocidente medieval, mostram que ver é também crer: "Não é uma coincidência que, no Ocidente, o tempo dos mosteiros e das catedrais foi também o tempo das aparições. Em sua realização respectiva, essa época consumou uma nova forma medieval de ver: o desvelamento do invisível".

Quando ver é fazer

Mas poder dizer do que é feito o olhar não esgota o trabalho dos historiadores. A partir da década de 1990, os estudos se multiplicaram e, revertendo o problema, tomaram outra forma: que tipo de mundo social a visão contribui para organizar? Três pesquisas permitem seguir essa problematização do passado pelos sentidos.

Em *De l'oeil et du monde* [Sobre o olho e o mundo], Carl Havelange (1998) mostra que não houve, entre os séculos XVI e XVII, uma promoção do olhar sobre os outros sentidos, mas, em vez disso, a passagem muito radical de um olhar "antigo" para um olhar "moderno". Ligando Johannes Kepler e Galileu a Descartes e Baltasar Gracián, ele descreve a invenção de instrumentos ópticos que renovam a observação científica e a descoberta dos mecanismos da visão, notadamente, com a imagem retiniana concebida sobre o modelo da câmara obscura. A transformação parece profunda: não somente, a partir do olho, o mundo visível se amplia e se aprofunda, mas o próprio olhar, que permite identificar, penetrar e distanciar, torna-se o ponto a partir do qual se funda a objetividade do mundo. Em outros termos, o olho, formado pela história, não é um receptáculo passivo do mundo exterior, mas exerce sobre ele uma ação de efeitos concretos: "No cruzamento do visível e do invisível, o olhar faz *existir*".

Outro espaço de questionamento, na juntura do religioso e do social, é proposto por Olivier Christin (2003) em *Les yeux pour le croire* [Os olhos para o crer]. Ele estuda a estratégia visual que, no século XVI, acompanha a ruptura pastoral própria da Reforma protestante. Os Dez Mandamentos, centrais à pedagogia da catequese luterana, são colocados em imagens, notadamente, sob a forma de tábuas gravadas. Conforme essa "gramática visual comum", o olho é, assim, colocado no centro de uma reorganização da moral que atribuímos comumente a um empreendimento de disciplina. Como mostra Christin, a novidade não está na memorização dos textos que essas imagens acompanham. Mais certamente, encontra-se aqui: ver é crer; ver o mundo com os olhos de quem está acostumado pela imagem a considerar as condutas de roubo, blasfêmia, adultério ou cobiça como socialmente maléficas e moralmente indignas, é ser obrigado a imaginar seu lugar e seu papel a partir desses princípios específicos. Portanto, em outros termos, ver é fazer surgir o mundo social renovado que constrói a reforma pastoral.

Jonathan Crary (1994), por sua vez, examina o nascimento de uma nova "técnica dos observadores" pela qual se organiza, entre 1810 e 1850, uma "modernização" das relações das pessoas com o mundo exterior. Ele relata a acumulação dos conhecimentos sobre as faculdades do olho, e, notadamente, as da fisiologia que, rompendo com as teorias da visão nascidas nos séculos XVI e

XVII, estabelecem o modelo de uma "visão subjetiva". Mas mostra também o desenvolvimento de diversões visuais, semelhantes a ilusões de óticas, que fazem do olho um campo de experimentação e de apropriação do mundo. Através da história do olhar, Crary liberta, assim, o movimento que, antes mesmo da ruptura cézanniana das décadas de 1870-1880, torna possível o evento de novas solicitações visuais e de uma pessoa "moderna" definido por uma nova consumação ocular do mundo.

A história das sensibilidades visuais demonstra, portanto, uma grande riqueza. Faz nascer novos questionamentos para compreender as sociedades passadas. Mas também esclarece o presente, e, notadamente, o uso atual das telas que capturam e cativam o olho em tempo integral, sem dúvida, menos em uma relação restrita com o mundo do que em uma preocupação de se proteger dele, colocando-o à distância (Casetti, 2023).

Som e paisagem sonora

Nas duas últimas décadas, a história do som e das relações com os sons passou por um desenvolvimento considerável. Os estudos se multiplicaram para todos os períodos e, ainda que esteja longe de ser unificada, uma analítica histórica do sonoro já tomou forma.

Reconstituir a presença e a intensidade dos sons

Ainda que já encontremos em Simmel ou Febvre a preocupação de devolver às sociedades passadas sua dimensão sonora, é, sobretudo, a partir da década de 1970 que a questão ocupa verdadeiramente os historiadores. Atribuímos comumente essa atenção nova ao trabalho do compositor e musicólogo canadense Murray Schafer, que forja a noção de "paisagem sonora" (1977). Na pequena cidade de Monthey ele começa a mostrar que os fenômenos sonoros, como o som dos sinos, o canto dos pássaros, o vento e o alarido dos animais formam uma música própria aos lugares e às horas do dia e da noite, do mesmo modo que as árvores e os monumentos definem uma paisagem. Na verdade, o estudo do sonoro iniciou com Schaffer. As charivaris inglesas (e galesas) dos séculos XVII-XIX, descritas por Edward P. Thompson (1972), assim como os "condutores de som" nas sociedades aldeãs dos séculos XIV e XV (Gauvard; Gokalp, 1974), integravam uma história aberta aos sons. Mas, mobilizando o fervor folclorista e o ideal ecológico da década de 1970, a noção de "paisagem sonora", que servia para denunciar a desfiguração sonora do mundo pela "modernidade", realmente encorajou as investigações históricas.

Desde então, sob o nome de *soundscape studies* (Bettini, 2008; Kelman, 2010), multiplicaram-se trabalhos que visam a reconstituir as "paisagens sonoras" do passado. Em *Les cloches de la terre* [Os sinos da terra] (1994), Corbin procura estudar o lugar simbólico e a influência sensorial dos sinos nas regiões rurais do século XIX. Ele mostra que os sinos não se limitam, com seus toques, a garantir a marcação do território e a orquestração dos comportamentos: constituem também um objeto de orgulho, de rivalidade e de poder entre as aldeias, entre o prefeito e o cura, a Igreja e o Estado. Mais tarde, a longa história das paisagens sonoras se desenvolveu para cada período da história. No Egito antigo, "onde a mesma palavra '*kherou*' (*ḫrw*) é empregada [...] para designar tanto a voz humana como o grito do animal, tanto o som como o barulho", os textos literários e a prescrição das formas da escuta permitem entrever a presença sonora das procissões, das músicas ou do silêncio nos templos (Manassa, 2011; Emerit, 2015). Sabe-se, também, a partir das tabuletas divinatórias, que a Mesopotâmia era repleta de sons – "porta que range, mugido de um boi, trovões" – que davam lugar a uma escuta atenta e preocupada em interpretar os presságios (Rendu Loisel, 2015). Na Grécia antiga como em Roma, a arte oratória, que desqualifica o orador que "ladra" ou "grasna", do mesmo modo que os lamentos rituais acompanhados de gritos e uivos, sublinha a importância atribuída à forma sonora dos intercâmbios sociais (Mencacci, 2012; Rey, 2020).

Sabe-se ainda o quanto as sociedades medievais se apoiavam na modulação das manifestações sonoras (Schmitt, 2020). Após o *Comentário sobre Jó*, de Gregório o Grande (século VI d.C.), o pensamento cristão liga a conduta sonora de uma pessoa a suas qualidades morais. Assim, dos orgulhosos é dito: "Todos os que são interiormente inflados de pensamentos soberbos apresentam estes traços: tom de voz elevado, silêncio amargo, hilaridade dissoluta". As virtudes do silêncio, exaltadas pelo abade Odão de Clúnia, no século X, que aperfeiçoa um sistema de trocas por signos, e as advertências contra a fala ociosa que Cristina de Pisano dirige, no século XV, aos burgueses e às "mulheres de Estado", revelam uma organização pelos sons. Mas, de um modo mais geral, a paisagem sonora medieval, como se destaca dos textos e imagens, sussurra uma multidão de sons: sinos onipresentes, cujos toques escandem os ofícios e protegem das tempestades, gritos de guerra, de festa ou de justiça, linguagem sibilada, brados dos comerciantes, trombetas e pregoeiros públicos (Lett; Offenstadt, 2003 ; Hablot; Vissière, 2016).

O som das grutas paleolíticas: uma pré-história dos sentidos?

Em 1988, a história dos sentidos se firma no estudo da pré-história. Convencidos de que "não há sociedades sem cantos e, mais precisamente [...], rituais ou celebrações que não sejam sonoros", um paleontólogo e um matemático versado em musicologia estudam a relação que as populações do paleolítico superior (40000-12000 a.C.) "podem ter tido com os sons", e, notadamente, qual teria sido sua utilização "da voz e dos meios sonoros" (Reznikoff; Dauvois, 1988). Amplamente criticada agora, sua pesquisa vale aqui pela questão que coloca: Como encontrar a relação que esses grupos humanos mantinham com seu universo sonoro?

Iniciado em 1983, o estudo segue uma abordagem acústica original. Os pesquisadores selecionam três grutas ornadas, situadas em Ariège (Portel, Fontanet e Niaux), nas quais estudam a correspondência entre a localização das pinturas e desenhos que figuram nas paredes e as propriedades acústicas das grutas. Explorando os nós e ventres de cada galeria, eles traçam um mapa sonoro que é depois sobreposto ao da localização das figuras parietais. Os resultados obtidos parecem eloquentes: a maior parte das imagens se encontra nas proximidades imediatas (nunca mais do que um metro) de pontos particularmente sonoros da gruta, e os locais mais sonoros são sempre ornados.

O estudo, situado no ponto de partida de uma abundante arqueoacústica dedicada a recompor as paisagens sonoras do paleolítico (Nowell, 2018), foi também questionado pela interpretação exagerada dos dados que contém. As propriedades sonoras apresentadas pelos abrigos nos quais essas populações exerceram sua atividade figurativa "não bastam para provar que tenham sido percebidas e muito menos exploradas" (De Beaune, 2018). Contudo, essa pesquisa não deixa de se mostrar fundadora. Ao abrir a via para o estudo do sonoro na pré-história, convida não somente a liberar a história das sensibilidades das periodizações canônicas, mas também a se prover de seus métodos próprios de investigação.

Sabe-se, enfim, que o Antigo Regime e o período contemporâneo foram o teatro de uma renovação das paisagens sonoras. Jean-Pierre Gutton (2000) documentou em detalhe o que pode ter sido a experiência auditiva das mulheres e homens da época moderna. Recompondo os locais de ruído, os textos regulamentares, os contratos de locação e as denúncias, ele destaca o quanto algumas cidades, como Chartres ou Amiens, apresentam os contrastes entre uma cidade elevada, caracterizada pela parcimônia fônica, e uma cidade baixa, onde a concentração das ocupações e mercados preenche os lugares de sons. No século XIX o desenvolvimento dos ateliês e das usinas é acompanhado por uma redistribuição manifesta de sons. Traçando a cartografia dos ruídos na cidade de Lyon, Olivier Balaÿ (2003) mostra a influência contrastante dos sons sobre os bairros e a constante preocupação com a adaptação por parte de engenheiros e urbanistas. Emily Thompson (2004) destaca, por sua vez, o quanto, nos Estados Unidos, o desenvolvimento de uma série de dispositivos fônicos como a reverberação nas salas de espetáculos e a arquitetura de arranha-céus urbanos perturbou a experiência auditiva no início do século XX, ao mesmo tempo que manifestava o refinamento da atenção ao ambiente sonoro.

Saberes, técnicas e modificação da experiência sonora

O conhecimento histórico acumulado parece, assim, considerável. É também enganoso. Falar de *paisagem* sonora, como o fazemos para a visão, introduz um viés. "A medida objetiva da frequência, da forma e da intensidade das mensagens sonoras não basta para a reconstituição do efeito produzido sobre a pessoa que os percebe", observa Corbin (1994), que duvida, por isso, da possibilidade de uma cartografia sonora. A história dos sons, em outros termos, é indissociavelmente a das formas de entender e escutar. Mais importante do que perguntar que sons eram perceptíveis é perguntar o que os atores passados sabiam fazer com esses sons para viver.

Concebida assim, a história sonora é inicialmente a dos hábitos auditivos. Ora, esses últimos provêm de determinantes históricos que podem ser de várias ordens. Assim como houve um "olho do Quattrocento", houve um ouvido romântico dos séculos XVIII e XIX – ambos longe de serem socialmente compartilhados. Na fruição do silêncio, em certos sons evocadores de nostalgia, como o sino em Johann Wolfgang von Goethe ou Alphonse de Lamartine, e no ouvido atento à poesia dos sons, se delineia a experiência sonora própria à alma sensível. É essa escuta refinada que se lê no inventário que Georg Lichtenberg elabora dos sons de Göttingen em seus cadernos de 1792. O "murmúrio da água do grande moinho", o "ruído de algumas carruagens e caleches", os "gritos claros e animados das crianças", os "latidos de diferentes distâncias, com vozes e humores variados", ou ainda uma "trompa mal-tocada" alimentam um devaneio sonoro que revela, inicialmente, uma maneira sensível de estar no mundo.

A evocação pode parecer pontual. Na realidade, está ligada à formação de uma nova relação com o sonoro que se vê realizada no gosto musical e na atitude silenciosa destinada a desfrutar de seus prazeres no século XVIII (Johnson, 1995). Entre 1700 e 1780, na Europa, sob o efeito dos *connoisseurs*, afirma-se no "belo mundo" uma relação cultivada com a música. As fugas de Johann Sebastian Bach são consideradas inacessíveis a quem não dispõe de um gosto erudito e imbuído de antiguidade. O ouvido, que abrigava uma hierarquia dos gostos musicais, continha, assim, todo um sistema social: a ausência de cultura erudita "não onerava a felicidade musical", mas privava da distinção na escuta (Weber, 2008; Bonds, 2006). Outros mecanismos históricos, como mostra a nacionalização do samba no Brasil entre 1920 e 1940 (Rivron, 2010), podem intervir na formação das maneiras de escutar.

Mas, para compreender o lugar reservado aos sons em uma dada sociedade, cabe ainda aos historiadores descrever o estado histórico dos conhecimentos e das teorias que os contemporâneos tinham sobre os sons, bem como as técnicas das quais dispunham para manipulá-los, reproduzi-los, amplificá-los ou deles se proteger. Como mostra Veit Erlmann (2014), a evolução das teorias da audição está longe de concernir apenas à história das ciências. Ao aprofundarem o conhecimento anatômico do ouvido, os filósofos do século XVII, de Claude Perrault a Joseph Guichard Duverney e seu *Traité de l'organe de l'ouïe* [Tratado do órgão da audição] (1963), destacaram a possibilidade de outra relação com o mundo, cuja realização encontramos em Gottfried Wilhelm Leibniz. Rompendo com os antigos, que faziam da audição um sentido passivo, vê nele um sentido ativo no qual, por meio da escuta, cada pessoa mantém a harmonia do mundo (Spaltenstein, 2018).

A história das técnicas é decisiva sob esse ponto de vista. Após Jonathan Stern (2003), multiplicaram-se os trabalhos que permitem dispor de uma história da reprodução dos sons no Ocidente. O autômato tocador de flauta de Vaucanson (1738), o estetoscópio de Laënnec (1816), o fonógrafo (1860), que libera a possibilidade de conservar os sons, ou ainda o rádio (1921), cujo desenvolvimento redefine o nível sonoro ambiente (Scales, 2016), renovaram profundamente a dimensão sonora das experiências humanas e participaram da organização das sociedades.

Tocar, degustar, cheirar

Reunir aqui o olfato, o paladar e o tato não é ceder à tradição filosófica ocidental que nos ensinou a considerar esses três sentidos os mais vulgares. É, no entanto, reconhecer o fato de que os historiadores os estudaram menos do que os outros; e que foram menos estudados por si.

O unguento e os dejetos: na direção da eliminação dos odores?

Até pouco tempo os odores não eram considerados seriamente, a despeito das intuições de alguns historiadores. Em 1919, Huizinga já destacava que, no fim da Idade Média, "a vida era tão violenta e tão cheia de contrastes que rescendia o odor misturado do sangue e das rosas". Em *O Problema da incredulidade no século XVI* (1942), Febvre sugeria que, durante o século XVI, o olfato ia lentamente sendo substituído pela visão. Mas essas se tratavam apenas de tentativas. Seria necessário esperar por Corbin e *Le Miasme et la Jonquille* [Sabores e odores] (1982) para que os fenômenos olfativos fossem plenamente analisados. "Chegou a hora de narrar essa história-batalha da percepção", ele anuncia. Mobilizando um conjunto muito grande de materiais, oriundos de fontes médicas (higienistas), científicas (químicos), filosóficas (sensualistas), o historiador recompõe as modalidades de apreciação sensorial ligadas às "emanações sociais", às exalações, aos "ares" embalsamados mefíticos. Entre os séculos XVIII e XIX, explica, dá-se uma verdadeira revolução olfativa, que condena os odores mais fortes, considerados insalubres, e que desencadeia um processo de desodorização, particularmente, nas cidades: baixam-se os limites de tolerância em relação ao mau odor, sobretudo, o dos pobres. O estudo, novo e original, deixa uma forte impressão historiográfica. Como assume a tarefa de desenhar uma evolução clara, abre também um espaço de questionamento.

Como toda história, a história do olfato é feita de vais e vens. Assim, na Antiguidade greco-romana, a promoção das fragrâncias não segue um curso linear. Os lugares de culto antigos são amplamente perfumados: os aromatizantes e resinas que os gregos queimavam em abundância entram em conflito com os odores liberados pelos animais sacrificados, com o risco de "dissonância olfativa" (Grand-Clément, 2023). E, nesse domínio do religioso, constantes históricas terminam por ser observadas: como uma transposição do bom odor que os politeístas atribuem a seus deuses, o incenso queima sobre os altares pagãos, e depois continua queimando nos lugares de culto cristãos, a despeito de algumas resistências dos Pais da Igreja. Por vezes, fiéis aos usos antigos dos perfumes, os devotos de Cristo buscam distinguir-se de seus rivais. No cristianismo os milagres podem provocar a desregulação do olfato. Em 155 d.C., em Smyrne, quando Policarpo é entregue às chamas, os espectadores de seu mártir percebem um odor de pão fresco. No século VI, Gregório de Tours relata o resgate de um navio pego em uma tempestade: após a prece fervorosa dos passageiros do barco, sente-se um aroma de incenso e os ventos se apaziguam (Ashbrook Harvey, 2006).

A Idade Média também possui sua história dos odores, que exige o abandono dos preconceitos. Seria muito fácil pensar que os medievais suportavam todos os odores, mesmo os mais repugnantes. Mas, em 1363, os estudantes e professores da Universidade de Paris se dirigem ao rei para reclamar dos açougueiros da Rua Sainte-Geneviève que, sem se preocuparem por incomodar seus vizinhos, jogam na rua "o sangue e os dejetos" dos animais que abatem. Posteriormente, o comércio das águas – de néroli ou de bergamota, por exemplo – e o sucesso das luvas perfumadas no século XVII mostram que as vestimentas e os perfumes contam mais do que a limpeza do próprio corpo (Muchembled, 2017). Tudo parece proceder por capilaridade ou transmissão simbólica: se a vestimenta cheira bem, então, quem a veste satisfaz as exigências de uma boa apresentação de si. Os odores participam, assim, do arranjo do mundo social.

No registro olfativo os retornos e as persistências são, por vezes, mais interessantes de identificar do que as mutações. A forma pela qual um racismo olfativo se impõe no mundo atlântico entre o século XVII e XVIII, associando as populações da África ao mau odor (Kettler, 2020), ou a maneira pela qual o olfato é usado durante a Grande Guerra para desqualificar o odor de repolho atribuído aos alemães (Courmont, 2010) testemunham que, por vezes, o passar do tempo demora mais do que o previsto. O importante é, então, identificar como os odores fundam e expressam historicamente os juízos de classe, raça e gênero, como servem para fazer a divisão entre os rústicos e os que se orgulham de ser civilizados.

Do gosto ao desgosto

As condutas gustativas também constituem um poderoso marcador social, moral e religioso. A gula entra, no começo da época medieval, na lista canônica dos pecados capitais, e a figura do glutão, já execrada na Antiguidade, é erigida como um repulsor (Casagrande; Vecchio, 2002). Os glutões e os esganados são escravos de seu apetite e, nos séculos em que a segurança alimentar é rara – ou seja, até muito recentemente –, fazem pesar sobre si a suspeita de viverem melhor do que o resto da população, em seu detrimento. Há algo de tirânico no personagem do glutão. Seus festins são motivos de opróbio.

Do mesmo modo, o paladar e, de um modo mais geral, a alimentação servem para descrever, pelo desprezo, as sociedades consideradas inferiores. Com a formação dos impérios coloniais a descoberta – ou redescoberta – de modalidades surpreendentes de ingestão pode ser objeto de reflexões francamente racistas. Na revista culinária *Le Cordon bleu* um artigo de 1913 expressa preocupação com a "geofagia" praticada no Congo, na China, na América do Sul e nas Antilhas, considerando essa absorção de terra testemunho de um "gosto primitivo" (Janes, 2014). Os recursos das terapias indígenas e a busca por sais minerais são simplesmente ignorados. A história mundial dos sabores é marcada por violências surdas e diálogos ausentes.

Assim, não podemos compreender o desenvolvimento do comércio do açúcar, e, com ele, a moda do sabor doce no Ocidente a partir dos séculos XVII e XVIII, sem o sistema econômico – colonial e escravagista – que os sustenta (Mintz, 1985). Oriundo de uma planta tropical (a cana-de-açúcar), o açúcar começa como um produto de luxo reservado a uma elite que dele se serve inicialmente como um tempero novo, por vezes usado de forma aleatória, a ponto de salpicá-lo sobre o mel. E depois se populariza, junto a outras mercadorias exóticas: o consumo crescente de café e de chá favorece a venda do açúcar. Pouco a pouco, os novos lugares de sociabilidade – os cafés – aparecem; e novos momentos – a hora do chá – vêm romper o ritmo antigo das refeições.

É, portanto, uma vasta história que os sabores conduzem, e ainda muito mais vasta a partir dos séculos XVI e XVII, quando, por uma evolução costumeira no vocabulário sensorial, o gosto passou a designar a capacidade de apreciar o belo. Na literatura do Grande Século, o mau gosto tem efeitos poderosos: pode provocar a náusea dos leitores ou, no teatro, dos espectadores. A metáfora se espalha sob o efeito de uma conjuntura favorável. Marcada pela publicação do *Cuisinier français* [Cozinheiro francês] (1651), de François Pierre de La Varenne, a arte culinária se afirma, enquanto melhora o conhecimento do paladar e de seus mecanismos fisiológicos singulares: o canal de Sténon é descoberto e o funcionamento das papilas gustativas é revelado (Barbafieri, 2021). Entre o gosto, evidenciado pelo paladar refinado, e o bom gosto da pessoa distinta, tudo se entremeia. E, dois séculos depois, quando Jean Anthelme Brillat-Savarin publica sua *Physiologie du goût* [Fisiologia do gosto] (1825), não surpreende muito ler aí o aforisma: "Somente a pessoa inteligente sabe comer".

O tato, o mais discreto de todos os sentidos?

O percurso conceitual do tato se dá ao longo dos séculos. Muitas vezes, esse sentido considerado menor foi metaforicamente absorvido pela expressão "o que toca", ou seja, o que afeta as pessoas, sob pena de algumas confusões: podemos ser "tocados" ao vermos uma imagem ou "tocados" por uma música. Outras vezes, o estudo da "tatilidade" sofreu por suas afinidades com a questão do prazer e desprazer, duas polaridades que deixam na sombra muitas sensações. Descrevemos um tecido agradável ou uma parede rugosa e esquecemos que a maior parte das coisas, naturais ou artificiais, é, sobretudo, como esperamos que sejam: um tronco de árvore ou um leito devem ser firmes, uma vestimenta deve ser maleável.

O tato padece de sua evidência. Ocupa, contudo, uma posição determinante nos gestos da intimidade e nos vários ritos religiosos e políticos. Sob a República romana, os tribunos da plebe se beneficiam da "sacrossantidade" (*sacrosanctitas*) que os torna "intocáveis": não podem sofrer violências. Na Antiguidade existem "taumaturgos": personagens eminentes (reis, curandeiros e, em breve, santos cristãos) que realizam milagres pela imposição de uma parte de seus corpos. Na Idade Média são os monarcas franceses e ingleses que se prevalecem de dons taumatúrgicos. No reino da França, ao menos a partir do século XIII, os soberanos curaram milhares de doentes acometidos pela escrófula, repetindo a fórmula pouco a pouco canônica: "O rei te toca, Deus te cura". Esse rito é testemunhado pela última vez durante o governo de Carlos X, em 1825. Marc Bloch (1924) escreveu a história dessa crença que ele caracteriza, como bom racionalista, de "erro coletivo".

No século XX os grandes momentos políticos e sociais conservam um componente "tátil". As viagens presidenciais na província ilustram esse retorno permanente do tato ao núcleo da "comunidade de sentimentos" que suscitam os "eventos monstros". Impossibilitados de contatarem o presidente da República em pessoa, alguns se contentavam com roçar seu automóvel, como em Nancy em 1954, durante uma visita de René Coty. Mais tarde, reconhece-se ao General de Gaulle um senso do "contato popular". Depois dele, Jacques Chirac se felicita por ter apertado 10.000 mãos em três semanas de campanha legislativa (Mariot, 2006). O essencial é manter os vínculos carnais com seus concidadãos.

Os historiadores da arte também se interessam por algumas formas de "tatilidade". Por volta de 1900, na ebulição intelectual vienense, Alois Riegl retomou as interrogações de Johann Gottfried von Herder sobre os canais da sensibilidade e do entendimento. Em *Plástica* (1778), Herder estabelecia que, entre todos os sentidos, o tato era primitivo e primordial. Colocando em perspectiva a arte egípcia e a arte da Antiguidade tardia, Riegl lhe dá razão: ele demonstra o interesse conjunto da "óptica" e da "háptica" (de *haptein*, em grego: tato) nos modos de compreender uma obra. As observações de Walter Benjamin sobre a historicidade da percepção provirão daí (Riegl, 2014).

O tato, único sentido que não pode ser abstraído, tornou-se objeto de história. Descobrimos, pouco a pouco, a importância da qual se reveste na organização das sociedades passadas. A era das telas táteis, que determinam outra forma de perceber o real, dá-lhe uma nova atualidade.

Os sentidos e a ordenação do mundo

Evocar um a um os cinco sentidos permite exibir a estruturação de um conhecimento. Por meio deles, manifesta-se a forma pela qual as pessoas percebem o mundo. Mas é também uma forma de fazer a história. "Esse tipo de estudo facilita a imersão dos historiadores e, da mesma forma, a ressurreição ou, ao menos, a reanimação dos entes do passado", resume Corbin (2000). Como pode ser visto claramente na história dos "sentidos internos" – formas de percepção do corpo que Vigarello (2014) mostrou serem também o ponto pelo qual se organiza e se exprime o histórico sentimento de si – essa abordagem está longe de esgotar as contribuições da história dos sentidos.

Polissensorialidade

Em meio às questões fundadoras do estudo histórico dos sentidos, há aquela da hierarquia que se estabelece entre eles (Jay,

1993). A visão prevalece sobre a audição, e assim por diante? Daí a especialização das histórias produzidas, que, geralmente, vinculam-se a um único sentido. Ora, seguindo nisso os antropólogos, os historiadores deram novas direções a essas pesquisas. Alguns mostraram que a prática do exame médico (Porter, 2005) ou a da perícia sanitária repousa na conjugação dos diferentes sentidos. Outros, retomando a posição de Platão no *Teeteto*, segundo a qual um bom número de sensações não tem nome, destacaram a porosidade entre sentidos. Os "sabores", esses odores-gostos percebidos, sobretudo, pela boca, testemunham o modo pelo qual os sentidos são implicados na atividade humana. Destacam também o quanto, em sua dimensão histórica, a atividade sensorial está longe de respeitar uma nomenclatura estrita.

Novos conhecimentos históricos resultam dessa reunificação dos sentidos. Para compreender a Revolução Russa de 1917, Jan Plamper (2021) propõe considerar seriamente não somente a dimensão sensorial que, em Petrogrado e em Moscou, sustentou e tornou possível o evento, mas também o caráter "multimodal" e simultâneo dessa experiência sensorial. Descreve em detalhes a alteração da ordem habitual das sensações que suscitam o ruído dos tiros e o odor dos dossiers policiais queimados. Mas mostra, sobretudo, como à comoção sucede um hábito que inscreve a situação política na ordem comum dos sentidos. Outros trabalhos, centrados nos regimes de incerteza, mostraram o quanto o estudo dos sentidos e da recomposição brusca do perceptível e do imperceptível permite compreender as situações históricas de crise, guerra e subversão que, semelhantemente às guerras religiosas na França do século XVI (Foa, 2021) ou da Comuna de 1871 (Deluermoz, 2022a), questionam a ordem instituída.

Perceber, classificar, governar

Assim concebidos, os sentidos mudam de lugar na investigação histórica. Não se trata de reanimar um mundo passado, mas de descrever os mecanismos de construção do mundo social enquanto mobilizam os sentidos. Corbin mostrou que os comportamentos olfativos, muito mais vigorosos por serem espontâneos, constituíam um modo de classificação próprio para distinguir o civilizado do vulgar. A pista, cuja evidência encontramos no tema das condutas de sons na década de 1960 (Granger, 2014), revela-se de uma grande riqueza. Permite, agora, aos historiadores questionarem, através dos sentidos, o funcionamento das sociedades passadas.

"Os pesquisadores e os canibais": uma história sensível das ciências

Como mostrou Françoise Waquet (2019), a história dos conhecimentos não é estranha à das sensibilidades. O estabelecimento do verdadeiro é o produto de pesquisadores que estão sempre imersos no mundo, que provam, veem, inalam ou percebem. Puxando o fio dessa "história sensível das ciências", Nicolas Cambon (2022) estuda, assim, o lugar que ocupam o desgosto, o temor e a emoção dos pesquisadores na construção, entre 1750 e 1830, na França e na Grã-Bretanha, de um conhecimento do canibalismo. A questão que se coloca aos historiadores não é: "Existe o canibalismo?", mas, sim: "Com que instrumentos, com que abordagens e com quais provas os pesquisadores o estabeleceram?"

Às práticas antropofágicas, os filósofos iluministas opõem inicialmente a incredulidade, e as descrições de viajantes são eivadas de desconfiança. E depois, a partir de 1770, os "encontros" que ocorrem no Pacífico obrigam a situar a crueldade do canibalismo em uma vasta porção de terras, das ilhas Fiji à Nova Zelândia.

O problema que se coloca aos pesquisadores, portanto, é o da prova convincente. A anedota de Pierre Vidal-Naquet bastaria para o resumir: "Nenhum testemunho digno de fé poderia provar que foi comido". Para suspender o ceticismo, os investigadores se ocuparam da observação direta. Os que acompanham James Cook em 1773 levam a experiência ao seu limite: no convés do navio, o pedaço de um cadáver recuperado entre os Maoris é assado e depois apresentado a um nativo que o come "com uma avidez surpreendente".

Por décadas, abre-se entre os "antropólogos" um espaço vivo de discussões eruditas, das quais Cambon mostra que não é possível se desvencilhar afirmando que as acusações de canibalismo serviram para justificar a colonização. A produção do conhecimento sobre essas práticas esclarece o papel que os sentidos e as emoções desempenham na história das ciências: não só o estudo do canibalismo é indissociável do horror e da indignação moral dos investigadores, mas o medo, experienciado no campo e mantido pela narrativa de massacres muito reais, orienta o modo como produzem, validam e discutem os conhecimentos sobre esse tema.

Como prova Arnaud Montreuil (2022), o lugar distinto que a literatura cortês dos séculos XII e XIII atribui à feiura física e a forma pela qual faz dela o signo de uma inferioridade social tem o efeito histórico de tornar o olhar e a capacidade de "ler os corpos" um princípio soberano de deciframento das pessoas pelos sentidos. Do mesmo modo, a sensorialidade esclarece a história da identificação das pessoas, quer se trate do olhar perscrutador dos visitantes dos pobres, a partir de 1810, para discernir a indigência real da simulada, ou do imenso trabalho de visualização dos doentes que, no século XIX, leva alguns médicos a fotografarem seus pacientes para conhecer, tratar e provar pelo ver (Aigrain, 2023).

Mas é, sem dúvida, na produção das classificações raciais que essa história encontra seu terreno mais firme. Os sentidos são centrais na iniciativa erudita e política que sustenta a formação dos impérios coloniais. O retorno que, no fim do século XVII, leva a ver os povos asiáticos como "amarelos" (Keevak, 2011) é testemunho disso. Esse trabalho de alterização pelos sentidos é muito mais ativo no século XIX. A insensibilidade, supostamente derivada de uma conformação diferente dos nervos e órgãos sensíveis, que os britânicos e franceses atribuem aos chineses (Fabre, 2022) prolonga o esforço da antropologia biológica, sob o estímulo de Paul Broca, em renovar a forma das classificações raciais. Submeter os somalis, os senegaleses e os fueguinos a testes de visão, de audição e de tatilidade da pele era uma tentativa de situar na ordem imediata dos sentidos a distância que separa os colonizadores europeus dos "povos selvagens". "O ouvido selvagem [que] percebe muitas vezes sons muito leves, mas [...] é sempre mais ou menos incapaz de triar, de apreciar os sons musicais" vem justificar uma inferioridade que legitima a iniciativa de colonização (Dias, 2004).

Nessa via, a história dos sentidos estendeu seu questionamento mostrando que os hábitos sensoriais constituíram não somente um modo de classificação, mas, de fato, um instrumento de governo e de transformação das sociedades. A universalização de algumas referências sensoriais é um traço proeminente. Em 1939, durante uma conferência internacional, a frequência tipicamente ocidental dos 440 hertz é adotada como diapasão para a execução e a gravação de todas as músicas, e ali se opera uma ordenação pelos sentidos (Gribenski, 2023). Esses constituem também um recurso na construção dos modos de vida legítimos. Entre 1780 e 1830, as denúncias e as mobilizações de habitantes levam à interdição do barulho noturno (Delattre, 2000). No outro extremo do mundo, a partir de 1869, a recriminação dos ocidentais contra o "anárquico" e o forte mau odor das ruas, das casas e das emanações corporais leva os administradores britânicos e franceses a implementarem uma grande desodorização de Xangai (Huang, 2016), enquanto, a partir da década de 1930, a cruzada internacional contra as poluições sonoras, de Nova York a Amsterdã, leva a toda uma regulamentação dos sons nas cidades e ao uso de materiais de construção isolantes (Bijsterveld, 2008). Assim considerada, a história dos sentidos esclarece a história, em pleno desenvolvimento, do ambiente e das lutas contra a poluição (Granger, 2014; Frioux, 2020; Loubes, 2021). Mas também permite, por intermédio de inúmeros casos locais, acompanhar o modo como se negociam na prática as formas aceitáveis do mundo em que as pessoas fazem a experiência sensível.

3
As formas da vida afetiva

Junto aos sentidos, misturado a eles, encontramos todo o universo dos estados afetivos. A maior parte tem agora sua história: da dor à fadiga, do amor filial ao tédio, dos risos às lágrimas, e da generosidade à raiva ou à honra. Esse domínio é de longe o mais copioso da história das sensibilidades. Nada surpreendente: nenhuma atividade humana, incluindo a aparentemente mais racional, é em si estranha às emoções (Plamper, 2010; Corbin *et al.*, 2016-2017). Diante dessa constatação desconcertante, a história dos estados afetivos – como a praticada por grupos como o EMMA (Émotions au Moyen Âge [Emoções na Idade Média]), animado por Damien Boquet e Piroska Nagy, ou o Instituto Max-Planck de Berlim, sob a coordenação de Ute Frevert – adota uma abordagem que opera por problemas: não propondo a história desse ou daquele afeto através das épocas, mas buscando descrever a maneira pela qual as emoções e os sentimentos se formam, expressam-se e se mostram, e a parte que a linguagem e a experiência, o público e o privado, assumem, entre o individual e o coletivo, na organização histórica do mundo social (Scheer, 2012; Deluermoz *et al.*, 2013).

É essa abordagem que escolhemos adotar para dar conta dos aportes dessa história.

Sentimentos distintos

Desde a metafísica nominalista do século XVIII e a psicofisiologia do século XIX, é costume distinguir os *sentimentos* das *emoções* (Dixon, 2003). A emoção, como defende William James em "O que é uma emoção?" (1884), é um conjunto de excitação física de duração limitada que coloca a pessoa em *movimento*. O sentimento, derivado do *sentement*, que, no século XII, encontrava sua aplicação no faro do cão de caça, designa uma faculdade de perceber, de ser afetado pelas impressões. O sentimento remete a um estado afetivo durável e dirigido para um objeto definido (sentimento amoroso, religioso, estético, do bem e do mal, entre outros), que mistura o juízo e o conhecimento. Quando se trata de descrever as formas de afetividade efetivas, a linha divisória é com certeza muito clara. A divisão tem ao menos a vantagem de colocar os historiadores no caminho de um conjunto de estados afetivos que, como os sentimentos familiares e morais, constituem um dos elementos em meio aos quais esses grupos sociais se organizam e se perpetuam no tempo.

Do berço ao túmulo: os sentimentos familiares

Historicamente, a família assumiu aspectos proteiformes, revelando-se tão difícil de circunscrever quanto os sentimentos que suscita. No direito latino, a *familia* designa o conjunto dos escravizados domésticos e se distingue do clã que reúne, além da família, indivíduos livres e poderosos que compartilham um mesmo nome. Representa, sobretudo, uma unidade econômica onde a autoridade plena e inteira do pai pode ser exercida. É um espaço de relações verticais severamente normatizadas. Essa etimologia já permite compreender a que ponto, de uma sociedade a outra, os sistemas de parentesco variam e os registros sensíveis sobre os quais atuam jamais são completamente os mesmos.

Foi necessário esperar até o século XX para que os historiadores estudassem a família em seu funcionamento afetivo. Sobre eles pesou a influência da sociologia durkheimiana. Para Durkheim, a família conjugal, elaborada ao mesmo tempo que o Estado moderno, forma uma instituição moral a partir da qual se forja o devir individual e coletivo (Lenoir, 2003). É essa mesma família conjugal que preocupa Ariès (1960) em sua história pioneira sobre a emergência de um "sentimento da infância" a partir do século XVI: sob o Antigo Regime, nota o historiador, as crianças viviam em "um 'meio' muito denso e muito quente, composto de vizinhos, amigos, mestres e serviçais, [...] onde a inclinação se exercia sem muitas restrições". Sua tese, vivamente atacada posteriormente, tem o mérito de ter aberto uma brecha historiográfica, aproveitando uma rica iconografia e documentos surpreendentes, como o *Journal* [Diário] de Jean Héroard, médico do jovem Luís XII.

E, de fato, as crianças são muito cercadas. Um feixe de fontes, em particular normativas, mostra que não são a propriedade exclusiva de seus pais, mas pertencem à sociedade como um todo, que as estrutura e forja nelas um conjunto de discursos. Inventa-se os limbos para as crianças mortas não batizadas; debate-se sobre a posição a conceder aos bastardos; revisa-se a idade da maioridade legal. Em suma, fala-se no lugar das crianças, esses atores históricos quase mudos. A infância é também adornada de categorizações ambíguas. Em latim clássico, o *infans* é aquele que ainda não domina a fala. Com os séculos, o respeito a essa definição se perde e a criança oscila entre várias denominações ("caranguejo", "sagui (*marmouset*)", "marmota", "bambino"). Fase de indeterminação, situada na margem de uma humanidade que se considera "realizada", a dos adultos, a infância traz a marca histórica dos problemas sociais que é levada a servir. E é possível que, por outro lado, ela deponha sua marca sobre todas as relações humanas. Na França do século XIX, por exemplo, os brinquedos, objetos manufaturados difundidos amplamente nas classes médias e burguesas, constituem, calcados sobre os papéis familiares estilizados, instrumentos para ensinar as meninas pequenas a se manterem sábias e a adquirirem a moral familiar – começando pelo papel de mãe – que se espera que perpetuem (Maza, 2020).

Nesse tema, embora de utilização delicada, as chaves fornecidas pela psicanálise freudiana contribuíram para a releitura de eventos maiores. Em uma abordagem audaciosa que se autoriza mudanças bruscas de escala, Hunt (1995) destacou perspectivas inéditas sobre a Revolução Francesa através do paradigma do "romance familiar" aplicado a toda uma época histórica e a todo um país. Uma luz inesperada é então lançada sobre a execução de Luís XVI, vista como a morte do pai, e também sobre as reprovações dirigidas a Maria Antonieta como mãe má, ou sobre a promoção da fraternidade como elemento da nova máxima nacional. As analogias entre a esfera familiar e as relações de poder oferecem, assim, um terreno rico de investigação para a história.

A fábrica do amor conjugal constitui, aqui, um bom ponto de observação, particularmente, em suas primeiras provações: durante muito tempo, a noite de núpcias forma uma etapa-chave na qual tudo é feito para que a esposa, perfeita "gansa branca", se resigne, de bom grado, ao seu dever conjugal. Em benefício dos dispositivos patriarcais solidamente estabelecidos até o século XX, uma verdadeira "pedagogia da ignorância" (Houbre, 1997) é concebida para meninas. O domínio da sexualidade permanece propício ao silêncio coletivo. E somente algumas vozes contraditórias se erguem: em 1864, Alexandre Dumas Filho ousa falar dessa primeira noite como um "estupro legal e consagrado" e, um pouco mais tarde, em seu *Immoralité du mariage* [Imoralidade do casamento] (1898), o escritor libertário René Chaughi descreve a noite que segue a refeição de núpcias como um "estupro público preparado por uma orgia" (Limbada, 2023). Nessa primeira época da conjugalidade, por muito tempo, uma questão permaneceu não formulada: a do consentimento.

A expressão obrigatória dos sentimentos conjugais: cartas da Grande Guerra

As cartas e postais que os casais se enviaram durante a Grande Guerra revelam as formas, muito regulares em suas repetições, que tomou a "catástrofe sentimental" do primeiro conflito mundial (Vidal-Naquet, 2014a; 2014b). Essas correspondências se inscrevem nos tipos de matrimônio que devem muito às décadas que precederam a guerra. Esse período é marcado pela queda constante da taxa de natalidade, pelo direito ao divórcio adquirido em 1884, e por uma autonomia maior na escolha dos cônjuges após a Lei Lemire (1907), que permite aos jovens ao atingirem a maioridade legal se casarem sem autorização de seu pai. Esses são fatores que contribuem para tornar o casal o resultado de uma dupla decisão pessoal e consentida, mas, a despeito do caráter muitas vezes voluntário desse vínculo íntimo, as convenções de todos os tipos recapturam rapidamente cônjuges, até mesmo na expressão de afeição que demonstram. O desejo de se manter na provação se torna uma constante do ritual epistolar. Nisso, o contexto bélico inverte a norma: usualmente, os desacordos constituem a maioria das evidências nas fontes usadas pelos historiadores para descrever a conjugalidade. O tempo de guerra provoca o inverso: os cônjuges e os amantes assumem o registro do discurso amoroso que Roland Barthes descrevia como voluntariamente "dedicado, conformista".

Essa quantidade de cartas enviadas entre homens e mulheres durante quatro anos coloca a questão do experienciado, do dito e do não dito. Qual é a sinceridade do pacto epistolar quando é perpassado por uma fase de excepcionalidade? Que papel resta ao indizível quando os *poilus* [como eram chamados os soldados franceses na Primeira Guerra Mundial] registram por escrito seus sonhos eróticos ou quando evocam suas mortes, como faz o soldado André Kahn no meio de uma carta cercada de escuridão, em uma experiência próxima da despersonalização? Como, no fim das contas, prolongar a conjugalidade fora do corpo (exceto pelas permissões) e quase fora do tempo? Pois o conflito mundial é destruidor da temporalidade própria dos casais: as boas lembranças se tornam dolorosas devido à distância e à incerteza, o cotidiano matrimonial é desfeito e os projetos, não concebíveis (Vidal-Naquet, 2018). Participar da história das nações, que se encontra fora do curso normal da vida a dois; limitar os protestos para exibir uma harmonia de princípio: eis a curiosa distorção de escalas históricas e efetivas à qual os casais se submeteram na guerra.

O casamento não é o único rito familiar que traz consigo sua parcela de afetos ambivalentes. O luto, momento social de formas prescritas, é igualmente o lugar de emoções notadamente expostas ou voluntariamente suprimidas. Mesmo quando limitados à intimidade, os enterros são um teatro de conveniências, do qual a descristianização modificou apenas o aspecto: a gravidade é obrigatória, semelhante ao drama que constitui a "morte de si" denunciada por Ariès (1977), como o historiador conservador que era, ao mesmo tempo que a eliminação dos últimos instantes e o isolamento dos moribundos. A eufemização atinge também a linguagem: a morte se torna "fim de vida", as pessoas anciãs são reconvertidas em "sêniores", a pessoa agonizante assume o aspecto de "paciente terminal" (Vovelle, 1983). Ainda que mantida cada vez mais à distância, a morte é um caso muito sério para ser inteiramente ocultada. A história recente da pandemia de Covid-19 é acompanhada de declarações solenes sobre a indecência dos funerais à distância, esquecendo que há apenas um século, durante a Grande Guerra, centenas de milhares de *poilus* foram mortos sem uma sepultura verdadeira. Os limites de tolerância ao espetáculo da morte evoluem; a necessidade dos rituais persiste.

Sentimentos morais e ordem social

Por ter se limitado, no século XVIII, ao interior das pessoas, na profundeza da ligação que vai de si a si (Scheer, 2014), a ordem dos sentimentos ocupa um lugar muitas vezes subestimado em meio aos modos de organização das sociedades. Contudo, como mostram inúmeros trabalhos de historiadores, os sentimentos e, notadamente, os sentimentos morais, da simpatia à compaixão, intervêm na formação tanto dos pertencimentos como das grandes divisões do mundo social, a exemplo da atribuição do registro sentimental às propriedades e aos órgãos femininos.

Mesmo quando os grupamentos humanos apresentam entre si um menor grau de interdependência, os sentimentos morais não estão ausentes dos vínculos constitutivos do social nas épocas antigas e medievais. Em Roma, em uma sociedade profundamente desigual, a misericórdia (*misericordia*), essa "desolação provocada pelo estado miserável de uma pessoa que vemos sofrer sem que mereça", como a define Cícero em suas *Tusculanas* (45 a.C.), encontra seu lugar nas relações humanas. Ela passa pelos gestos de súplica codificados, como o fato de tocar o joelho, aos quais os suplicantes reagem com piedade, sensibilidade ou perdão dos poderosos (Corbeill, 2004; Rey, 2018).

A vergonha, uma emoção medieval

Na Idade Média cristã, quem quer que experiencie a vergonha pode tirar alguma satisfação, como mostrou Damien Boquet (2020). Bem-dirigida, ela constitui uma "paixão louvável" segundo Santo Tomás de Aquino. É o indício de uma etapa transposta para um comportamento mais virtuoso, uma marcha para a honorabilidade. Essa vergonha medieval, próxima do pudor, não pode ser ocultada: é acompanhada de sinais corporais explícitos; implica o enrubescimento, o olhar cabisbaixo, as lágrimas, em suma, tudo o que torna o corpo vergonhoso.

As mulheres que aspiram à santidade, sobretudo, a partir do século XIII, são as pessoas de quem mais esperamos a expressão desse sentimento de confusão e de mal-estar na recordação de seus comportamentos passados, de seu orgulho de outrora, de seus pecados a partir de agora confessados, e mesmo proclamados. A Santa Margarida de Cortona emite gritos durante a noite e acorda em seu dormitório: "Acordem, habitantes de Cortona, acordem – eu lhes digo –, acordem e sem mais delongas expulsem-me da cidade com pedras, pois sou uma pecadora e agi contra Deus e meus próximos". Todos saem de seu leito, ouvem-na, meditam sobre suas faltas pessoais e voltam a se deitar em lágrimas.

Esse dispositivo da vergonha comporta também uma dimensão indumentária: o véu que as mulheres do Ocidente medieval usam se torna uma peça principal dessa atitude de reserva à qual devem se ater, sobretudo, se se querem muito cristãs. Os cabelos são disfarçados; a sedução, fora de propósito. E convém que esse véu seja de tela pura, sem bordados, ou feito de trapos grosseiramente remendados. Tudo é bom para exibir uma humildade levada a seus últimos limites.

A vergonha é coroada de sucesso enquanto estranhas modificações sensoriais se produzem: uma mística de Brabante, Lutgarde, num gesto de rebaixamento voluntário, beija as pragas de Cristo que lhe aparecem em um de seus êxtases, e então constata que sua saliva tem gosto de mel. Maria de Oignies se regozija ao sentir o sangue escorrer em sua garganta após ter ferido seu esôfago engolindo pão seco. E, para essas mulheres santas, a morte representa uma felicidade suprema: se seus cadáveres exalam um perfume suave, é porque se aproximaram, na morte, da perfeição divina.

Durante a alta Idade Média (antes do século IX), a ordem dos sentimentos é submetida à cristianização. Sob a influência da Bíblia, da teologia agostiniana e da formação do pecado original, essa última desempenha um papel central na formação do vínculo moral que vai de cada um a todos. A *concupiscentia carnis*, que Santo Agostinho não restringe à sexualidade, constitui, na época do cristianismo primitivo, um dos principais coadjuvantes. Conforme Peter Brown (1982),

> a concupiscência era um desejo maléfico de dominar, de monopolizar e de desviar para fins pessoais todas as coisas boas que Deus havia criado para serem recebidas com reconhecimento e partilhadas com outros. Ela estava na raiz da miséria que, em toda parte e inevitavelmente, afetava os humanos.

Mas essa ordem dos sentimentos também sustenta duravelmente a constituição de laços afetivos que excedem o círculo familiar. Estende-se a formas de alianças que manifestam os rituais de amizade e de parentesco espiritual (Garrison, 2001; Boquet, 2005), e, mais amplamente ainda, a sentimentos que, como a *caritas*, unem entre si os integrantes da comunidade cristã (Romig, 2017).

Essa forma afetiva da vida social arraigada no cristianismo se perpetua longamente. Mas também assume figuras mais precisas. No Ocidente do século XVIII, momento em que o sentimentalismo se apodera dos salões e da medicina, a questão se reveste de uma acuidade inédita. É sob o estímulo do Iluminismo, em sua versão escocesa, que se renova profundamente o lugar reservado aos sentimentos morais. Em seu *Tratado da natureza humana* (1739), David Hume, rompendo com o racionalismo cartesiano, observa que, com relação à vida social, "nenhuma qualidade é mais notável [...] que nossa propensão a simpatizar com os outros e a receber, por comunicação, suas inclinações e sentimentos, ainda que diferentes dos nossos". Depois dele, Adam Smith, mais tarde fundador do liberalismo econômico, vai mais longe: em sua influente *Teoria dos sentimentos morais* (1759), coloca a simpatia sob a forma de uma compaixão, de uma capacidade de não ser insensível (Pahl, 2022), no centro da vida em sociedade.

> Por mais egoísta que supostamente possamos ser, há evidentemente alguns princípios em nossa natureza que nos conduzem a nos interessarmos pela sorte de outros [...]. Desse tipo, é a piedade ou a compaixão, ou seja, a emoção que sentimos pela miséria de outros.

Quanto mais excede o texto filosófico, mais a economia política dos sentimentos interessa aos historiadores das sensibilidades. Embora o fato de nos projetarmos em outra pessoa para compartilhar de seus sentimentos ainda seja visto com desconfiança no começo do século XVIII, mesmo se tratando de personagens de teatro ou de romance (Zagamé, 2022), assistimos na boa sociedade desse século à ascensão de uma "sensibilidade humanitária" (Haskell, 1985), que sustenta o questionamento da escravidão, da tortura, da miséria e da execução capital. Como mostra Hunt por meio do estudo dos romances sentimentais do século XVIII, essa sensibilidade nova torna possível a emergência dos direitos humanos (Hunt, 2013). Ligada ao desenvolvimento do capitalismo liberal e ao advento de uma concepção da humanidade que coloca a afetividade individual acima das posições sociais, ela se apoia em uma "extensão da significação do sentimento" (Simonetta, 2018): esse último não é mais simples faculdade de experienciar; torna-se capacidade de conhecer e de julgar.

A história dos sentimentos morais permite, assim, compreender melhor a extensão no século XIX de uma relação com o mundo apaixonado pela sensibilidade. Consubstancial ao advento da burguesia como classe e como modo de vida, esse último se manifesta por meio de uma série de traços bem-desenhados: a abolição da escravatura na França e de "todo castigo corporal" (1848), a organização das sociedades de assistência aos pobres na Inglaterra industrial (Himmelfarb, 1991), o estabelecimento da Cruz Vermelha para socorrer os militares feridos (1863), a luta contra as execuções públicas (Taïeb, 2011), a relegação dos abatedouros para fora da cidade (Agulhon, 1981), a interdição das rinhas de galo e de ratódromos tão populares até cerca de 1870 (Vanneau, 2014). Impõe-se uma sensibilidade que implica a renovação dos modos de fazer sociedade.

Sobre a diferenciação sexual dos sentimentos

O estudo dos sentimentos morais permite também esclarecer a formação das grandes divisões sociais, começando pelo masculino, o feminino, o viril e o afeminado. Na aristocracia carolíngia, o estado do homem, respaldado pelo ideal masculino elaborado por Gregório o Grande, supõe uma forma de mansuetude, de estima pelo inimigo e de renúncia à vingança. Se as virtudes assim codificadas permitem, sobretudo, organizar uma grande tolerância para com as práticas de guerra, o que toma forma, de fato, é uma virilidade por sentimentos "nobres" (Stone, 2012). Nesse sentido, a longa construção da masculinidade hegemônica constitui um território de investigação de grande riqueza. Na França dos séculos XVI e XVII, a honra se impõe nas famílias burguesas. Torna-se um meio de administrar os negócios e os casamentos, mas também de regular publicamente as divergências entre homens – através do duelo, da polidez e dos esportes. Como sentimento moral que impõe obrigações, a honra define o homem honrado como aquele capaz de deliberar e de assentar sua conduta sobre princípios racionais, reservando também aos homens o universo das coisas sérias (Nye, 1993). Do mesmo modo, no século XIX ocorre a formação de uma "masculinidade colonial" (Connell, 2015), como mostrada, por exemplo, na Índia, pela oposição de duas elites: uma dotada de racionalidade e considerada *masculina* (os ingleses) e a outra que sua afetividade exacerbada faz parecer *efeminada* (os bengalis) (Sinha, 1995).

Ligada a essa racionalização dos sentimentos masculinos, a construção do feminino como território "natural" da afetividade constitui, desse ponto de vista, uma peça decisiva, cuja compreensão está longe de completa. A atribuição específica de certos sentimentos às mulheres não era estranha aos antigos, em Atenas e em Roma. A teoria dos temperamentos, que atribuía a raiva e o ódio aos homens, reservava às mulheres os afetos frios e úmidos, como a modéstia, o temor e a doçura (Allard; Montlahuc, 2018). Mas, essencialmente, a divisão sexual, sob essa perspectiva, permanece um modo de classificação secundária e pontual.

A ascensão do amor cortês no século XII marca, sem dúvida, uma inflexão no Ocidente (Reddy, 2012). As regras de cortesia, de lealdade e de honestidade se impõem ao comércio amoroso. A necessidade, como escreve Chrétien de Troyes, de "penhorar a moderação" na conquista de sua parceira e a testagem da mulher pelo homem para garantir a pureza de seu amor, como em *Erec e Enida* (1170), sugerem a elaboração de uma concepção sentimental das relações humanas e uma mudança nas normas de gênero. O *fin'amor* não se restringe a submeter os homens à heterossexualidade e as mulheres à dependência. Compreendido na redistribuição da relação com os afetos determinada pela reforma gregoriana, permite vincular sentimento e desejo sexual (Boquet; Nagy, 2015). No entanto, muito mais do que pela diferença de gênero, a sociedade do século XII permanece estruturada pela ordem das posições sociais (do cavaleiro ao camponês). Assim resume o Bispo Gilberto de Limerick: "Não digo que a função das mulheres é rezar, trabalhar ou combater, mas são casadas com aqueles que rezam, trabalham e combatem, e os servem" (Lett, 2023). A afirmação dos sentimentos como marcador do feminino é mais clara nos séculos que seguem. Antes mesmo da imposição da divisão entre *natureza* e *cultura* que só intervém no século XVIII, liberando a possibilidade de uma essencialização que destina as mulheres à naturalidade de suas paixões, essa diferenciação sexual dos sentimentos se apoia nas mutações históricas, que vão da moral aos conhecimentos médicos.

Estudando a criação do gênero no Ocidente, Thomas Laqueur (1992) destacou o quanto a elaboração da diferença anatômica entre homem e mulher se apoiou na construção do feminino como território "natural" da afetividade. A fisiologia da reprodução, ela própria respaldada na distinção biológica dos sexos no século XVII, possui um papel central. Leva a conceber um estado de natureza distinto para o homem e para a mulher, e, em particular, um modelo de procriação no qual o pudor feminino origina o desejo masculino, e no qual a geração só é possível se houver um orgasmo feminino. Ora, nessa visão biológica da afetividade propriamente feminina concorrem inúmeros elementos. Um deles concerne, nos séculos XV e XVI, à exclusão progressiva das mulheres da produção de conhecimentos ginecológicos (Green, 2008). Mas podemos pensar também na formação da teoria médica das fibras nervosas no século XVIII. Como escreve Joseph Raulin em seu *Traité des affections vaporeuses du sexe* [Tratado das afecções vaporosas do sexo] (1758), os "vapores", ou as "sufocações de útero" que precedem a categoria de "histeria", explicam a submissão específica das mulheres à sua afetividade e a presença nelas de uma disposição natural para a tristeza e para a sentimentalidade (Arnaud, 2014).

A história dos sentimentos e, notadamente, dos sentimentos morais parece, assim, indissociável da história da construção das relações e identidades de gênero. A linguagem neutra pretendida pela economia política no século XVIII faz, aliás, da diferenciação sexual dos sentimentos o princípio da ordem social. Em Diderot, o pudor e a timidez femininos, origens da continência sexual e da formação do casal, são centrais na reprodução da espécie. Em John Millar, figura iluminista escocesa, "a delicadeza e a sensibilidade particulares" das mulheres são o sinal de um estágio superior na "civilização" (Spector, 2021). E mesmo as apologias para o acesso das mulheres às coisas políticas, na Inglaterra dos séculos XVIII e XIX, procedem dessa diferenciação sexual dos sentimentos. Em Mary Wollstonecraft ou Anna Wheeler, a aptidão para conduzir os assuntos humanos é "mais provável entre as mulheres do que entre os homens", porque elas são, devido a um sistema nervoso mais sensível e à singularidade de suas experiências de vida, entes superiores em moral e em empatia, menos sujeitas à paixão sexual e incapazes de oprimir outrem (Buchetmann, 2023).

Dos vínculos familiares às relações de gênero, a história dos processos de formação das sociedades não pode prescindir de um estudo dos estados afetivos. Para os historiadores, todavia, isso supõe também compreender as emoções e os sentimentos em sua forma prática, descrevendo como ocorrem, por quem, em que contexto e segundo quais manifestações concretas.

Uma pragmática das emoções

Assim, ampliar o questionário, do sofrimento ao tédio, impõe refinar a compreensão da dimensão histórica das emoções: Como experienciamos a afetividade nesse ou naquele período, de onde vêm as situações propícias para ela, como aprendemos a maneira correta de expressá-la? Essas perguntas perpassam um sem-número de trabalhos que não trazem as mesmas respostas. Todos, porém, têm em comum o fato de destacarem a fecundidade das abordagens históricas que consideram as emoções práticas sociais.

Do riso às lágrimas: a expressão das emoções

O ano de 1872 marca uma data importante no estudo das emoções. Com a publicação de *A expressão das emoções nos humanos e nos animais*, Charles Darwin pretende provar a existência de uma evolução compartilhada entre as espécies que determina uma universalidade biológica da maneira de manifestar seus sentimentos. Em termos simples, as emoções podem, desde então, ser consideradas atos reflexos. Em 1971, o psicólogo Paul Ekman, restringindo a seis as "emoções básicas" (o medo, a alegria, a tristeza, a raiva, a surpresa e o desgosto), diz o mesmo ao concluir sobre a natureza universal, ou seja, não cultural, das expressões físicas da afetividade. A via foi seguida pela "neurociência das emoções", mais interessada pelas imagens da atividade cerebral do que pelo estudo dos afetos na sociedade (Feldman Barrett, 2017).

Se esses desenvolvimentos interessam aos historiadores, é pelo desafio que lançam: provar que as emoções têm uma história é se permitir mostrar que suas expressões, corporais ou linguísticas, inseparáveis delas, são dotadas de historicidade.

Na França, Jean Delumeau é um dos primeiros historiadores a ter considerado seriamente esse terreno das emoções. Em *O medo no Ocidente* (1978), ele se interessou pelo medo como sentimento dominante durante o período medieval e até o século XVIII: medo da fome; medo da miséria; medo da peste; medo dos "forasteiros" e dos judeus; medo dos lugares selvagens; e, sobretudo, medo dos infernos. Delumeau quis relatar os efeitos de uma "pastoral do medo" abusada pela Igreja medieval e moderna, para valorizar a penitência e a culpabilidade. Ainda que esse retrato muito sombrio de uma longa Idade Média cristã não esteja desvinculado do contexto em que foi escrito, após o Concílio Vaticano II (Cuchet, 2010), pôde ser amenizado por seu autor, progressivamente empenhado em conceber uma história mais luminosa.

Nas décadas seguintes, a história das emoções continuou a se afirmar, privilegiando os sofrimentos, os desgostos, os momentos de aflição coletiva. Para explicá-la, Corbin (1998) invocou o efeito de fonte. Em sua história sobre um fabricante de tamancos de Orne, ele escreve:

> O acaso nos impôs escolher um pobre fabricante de tamancos que viveu toda sua vida na região mais miserável de um dos departamentos mais desprivilegiados da França [...]. Deploro vivamente esse acaso, pois não cesso de denunciar os riscos que fazem pesar o dolorismo sobre a história do século XIX. O mal-estar se diz; deixa vestígios; o que não ocorre com o bem-estar.

Sobre essa faceta dolorosa tão presente na documentação, os lamentos formam um terreno de pesquisa fértil. Exibem grandes transições históricas, como a que houve entre a época grega arcaica – onde os soluços dos guerreiros homéricos parecem ainda legítimos – e a era clássica – na qual Platão deseja que a juventude ateniense não tenha mais acesso a essas descrições de afetos exuberantes (Monsacré, 1984). Entre o fim da Antiguidade romana e o começo da Idade Média ocorre outra transição, na qual o costume "pagão" das lágrimas como arma de compaixão nos tribunais, nos discursos para o povo e para os soldados (Rey, 2017) é pouco a pouco desviado pelos cristãos, em uma tentativa de reservar para si essa nobre emoção (Nagy, 2000).

Mais ambíguo do que sua emoção antagonista, o riso serve igualmente para distinguir contextos de expressão. Na Roma antiga, um grande orador como Cícero, reputado o homem mais engraçado de sua época, permite-se zombar de seus adversários por seus defeitos físicos ou pelos apelidos a eles ligados, de uma forma ou de outra, como ocorre com Marco Fúlvio Flaco Bambálio ("o Gago"). A animalização, a desvirilização, a acusação de gula são outras vias possíveis de um humor antigo muito agressivo, no qual os corpos das pessoas se submetem a todas as acusações (Corbeill, 1996).

Com o advento do cristianismo aparecem nas fontes novas formas de rir ou de se refrear. As regras monásticas, em particular a de São Bento, mostram-se hostis a esses vigores retumbantes de alegria. Mas a vigilância que ocorre no espaço fechado de um monastério não existe na vida profana. No século XII, Henrique II da Inglaterra se apresenta como "rei divertido" capaz de domesticar sua corte pelo riso. No século seguinte, São Luís se priva, aconselhado por seus diretores de consciência, de rir na sexta, dia da Paixão de Cristo. E, ao mesmo tempo, a risada foi condenada, com o relaxamento do corpo e os sobressaltos que implica: o Papa Bonifácio VIII, acusado de perder toda compostura em seus acessos de riso, pagou seu preço por isso (Le Goff, 1997).

As emoções possuem, portanto, uma história singular e variável, que exige que a relatemos por meio de uma grande confrontação de fontes e constantes jogos de escala. A abordagem monográfica muitas vezes privilegiada tem seus riscos: leva a descrever uma única face dos sentimentos expostos sem sempre perceber o entrelaçamento de afetos que cada situação histórica produz.

Emoções e configurações sociais: o medo, o ódio, a dor

No fundo, sem dúvida, nenhum período ou grupo humano ignorou o medo, o sofrimento ou o tédio. Na Suméria, no sul da Mesopotâmia, os "medos coletivos" estão amplamente presentes nos séculos IX e X a.C. Manifestados nas cartas, nas inscrições e nos cantos sob os termos *adāru*, *galātu* ou *šāhātu*, concernem a cidades como Kibatki e povos como os Urarteus. Esses medos, que assumem formas variadas – medo do rei, das catástrofes ou dos inimigos – são constitutivos do universo mesopotâmico (Jaques, 2017). Relacionados ao temor aos deuses, não são uma emoção negativa: equivalentes à fé ou à piedade em um mundo que ignora o dogma, estão na base da *religio* e se conectam à sabedoria. Assim, o medo está não somente implicado nos sacrifícios rituais, na construção dos templos e mesmo no abandono das cidades, mas é, para o poder assírio, um modo de governo que faz "tremer" as cidades e suscita o terror daqueles que não obedeceram (Wagner-Durand, 2021).

Tudo o que separa esse registro emocional antigo daqueles que se impõem mais tarde sob o nome *medo* designa um objeto de história. Outro, diferente, reside no fato de recompor a lógica, social, simbólica, religiosa e política, própria desse medo: Como as emoções ocorrem nas sociedades em que prevalecem? As respostas trazidas pelos historiadores são de vários tipos.

Alguns procuram destacar a coerência dos estados afetivos próprios às sociedades que estudam. Analisando as emoções na Grécia antiga, David Konstan (2000; 2006) não se restringe a descrever as formas gregas da piedade, da raiva, da gratidão ou do amor. Aprofundando a definição que lhe dá Aristóteles em sua *Retórica*, mostra que as emoções são dotadas de duas propriedades muito precisas: influenciam o juízo e implicam prazer ou dor. Mas ele explica que envolvem também, mais amplamente, uma verdadeira ética da vida social que pesa sobre a classificação moral das pessoas (as virtuosas experienciam "emoções virtuosas" e nutrem "desejos virtuosos com relação ao prazer") e organiza as relações que estabelecem entre si: "A dor ou a desolação compartilhadas diferem da piedade que implica uma distância entre quem a experiencia e quem é seu objeto, distância ausente no caso de amigos ou entes queridos".

Outros historiadores privilegiam uma abordagem mais extensiva. Encontramos seu exemplo na história da dor no Ocidente da Antiguidade grega no limiar do século XX elaborada por Roselyne Rey (1993). Ela não se pergunta se éramos menos sensíveis à dor nas idades antigas: ela relata como se articulam as significações culturais que lhe são atribuídas, começando pela tradição paulina da comunhão em Deus pelo sofrimento, os conhecimentos que visam a compreender seus mecanismos e as terapias destinadas a apaziguar seus efeitos. A "virada do século XVIII" (trabalhada também por Jean-Pierre Peter (1993)) é exemplar. A laicização do pensamento graças ao Iluminismo leva a vislumbrar a dor "fora do problema do pecado" e lhe dá um novo lugar. Os fisiologistas identificam as fibras irritáveis que são sua sede. Os médicos fazem dela, como do pulso, da urina e da língua, um sinal de doença a ser examinado. E impõe-se a certeza de que a dor tem sua utilidade: previne e desvia a pessoa de seu mau estilo de vida, mas se admite também que opor a uma dor uma dor mais aguda é um meio de se desvencilhar dela.

A abordagem que, assim, percorre os séculos permite lutar contra a naturalização das emoções. Em contrapartida, leva a reunir sob um mesmo objeto (a dor) realidades que, em sociedades distintas, mudam de nome ou de valor, e que nunca sabemos ao certo como intervêm na vida daquelas pessoas que são objeto de estudo. É essa última via, a do lugar das emoções na organização da vida social, que outros historiadores também seguem. Em seu estudo das emoções na Roma antiga, Robert Kaster (2005) mostra a conceitualização de um conjunto de emoções "negativas", que incluem a inveja, o ciúme, o desgosto, a indignação e o ódio (*odium*). Mas descreve, sobretudo, o modo pelo qual, no fim da República e durante o Império, se enraíza nas classes altas uma "economia emocional" que valoriza a contenção, a inquietude, a reserva e a modéstia. Ora, ela não intervém somente no traçado das posições sociais: está inserida na maneira mais comum pela qual as pessoas estabelecem diretamente relações entre si. A *verecundia* que se impõe, assim, "anima a arte de conhecer seu lugar em cada transação social e de fundar seu comportamento nesse conhecimento". Em suma, as emoções sustentam a construção de comunidades humanas e relações sociais sobre as quais repousam.

É o que confirma o trabalho de Daniel Smail (2003), centrado no ódio e na vingança. O que levava os habitantes de Marselha nos séculos XIII e XIV a trazerem seus desacordos e litígios comuns aos tribunais da cidade? Na maior parte dos casos, as ações na justiça não culminam nem em uma arbitragem nem em uma condenação. Não é o que os habitantes esperam delas. Longe de serem objetos passivos do direito canônico, esses últimos faziam valer estratégias muito precisas: ir à justiça era, inicialmente, "aliviar suas emoções". Os tribunais atuavam, portanto, como um "teatro coletivo", que permitia a cada um tornar públicos seus sentimentos para defender sua honra. Quer se tratasse do ódio experienciado contra uma devedora recalcitrante, ou do amor contrariado pela partida de uma esposa, ir à justiça era se mostrar dotado da cultura afetiva que convém; e vingar, por esse meio, as afrontas e inimizades.

O estudo das sensibilidades permite, assim, compreender melhor o arranjo das sociedades. Desse ponto de vista, outro aspecto merece atenção. Concerne às teorias explicativas que são mobilizadas para melhor compreender as emoções e os conhecimentos que é possível tirar delas. Podemos considerar que as emoções passadas permitem descrever a evolução das sociedades (amenização dos costumes e assim por diante)? Ou é melhor renunciar à perspectiva evolutiva e preferir compreender as sensibilidades para que permitam conhecer grupos sociais que reúnem?

Uma civilização dos costumes?

Para esclarecer esse ponto, mantivemos aqui duas abordagens, que são também duas formas de história do sensível. A primeira, que podemos dizer *civilizacional*, baseia-se nos trabalhos de Norbert Elias. A segunda, que não procura descrever como os afetos mudam, mas o que produzem, encontra seu desenvolvimento pleno em Barbara Rosenwein sob o nome de "comunidades emocionais".

A abordagem civilizacional: pulsão e contenção

O sociólogo Elias, em sua grande obra *La civilisation des moeurs* [O processo civilizador: uma história dos costumes] (1939), inspirado em Weber e em Freud, descreve o vasto processo de civilização e de afinamento dos costumes do qual o Ocidente foi o teatro desde a Idade Média. À medida que se forma um poder central que monopoliza o exercício da violência, opera-se, no íntimo das pessoas, um movimento de racionalização das sensibilidades que desqualifica os modos brutais e rudes. A adoção do garfo no século XVII, assim como o banimento do cuspe e a afirmação do sentimento de vergonha, é um bom exemplo da dimensão afetiva desse processo de civilização. Até então, explica Elias,

> pegava-se a carne diretamente do prato com os dedos. O que faltava nesse mundo "cortês" [...] era essa parede invisível de reações afetivas se erguendo entre os corpos [...], parede cuja presença atualmente experienciamos [...] no simples contato de um objeto que tocou as mãos ou a boca de outra pessoa.

A demonstração de Elias é compacta e sugestiva. Tem por mérito descrever "limites de sensibilidade" e graus de civilização, que não separam a gênese das sociedades humanas da afetividade das pessoas, mas ligam estreitamente uma à outra. Como mostra *A sociedade da corte* (redigido em 1933, publicado em 1969), a afirmação de um poder real forte durante a Idade Média e a cortização da aristocracia estão vinculadas à afirmação da sensibilidade na nobreza (pudor, supressão das pulsões, entre outros), que determina pouco a pouco uma mudança de costumes mais geral.

Para delimitar a teoria de Elias é necessário ampliar a proposta. Para descrever os costumes e sua civilização ele se apoia muitas vezes em manuais de civilidade, os quais, convém lembrar, provêm de um gênero constituído desde a Antiguidade. A *Ética* de Aristóteles, o *Dos deveres* de Cícero e sua definição do *decorum* (o "conveniente") e o tratado, atribuído a Plutarco, *Da educação das crianças*, enaltecem o autocontrole e a contenção das emoções. Na sociedade é necessário sabermos mensurar nossos movimentos de braços, acessos de riso ou crises de choro para nos distinguirmos do vulgar: as pessoas desprovidas de educação são muitas vezes denunciadas como intemperantes. Nos banquetes, os modos de comer, beber e falar são igualmente regrados. É necessário pegar a comida com a mão direita, levar seu próprio guardanapo – conforme o costume romano – à casa dos anfitriões, não importunar os convivas com propostas inconvenientes. Essas recomendações se dirigem aos homens de bem, pertencentes às camadas mais abastadas da sociedade: os *chrestoi* (os "bons"), os *kaloi kagathoi* (os "belos e bons"), os *boni viri* (os "homens bons").

A Idade Média não perde essa ambição de dirigir os corpos e as consciências. Do *Manual* da nobre Dhuoda, destinado à educação de seu filho Guilherme (século IX) ao *De l'éducation des enfants nobles* [Da educação das crianças nobres], composto por volta de 1246 pelo frade pregador Vicente de Beauvais para Filipe III o Ousado, trata-se de mostrar aos jovens aristocratas como se tornarem dignos de sua posição. O século XVI, que muito atrai Elias, vê-se multiplicarem esses textos – com *O livro do cortesão* (1528), de Baldassare Castiglione, ou *A civilidade pueril* (1530), de Erasmo – e se precisarem os princípios: "Um homem de qualidade não deve correr na rua nem se apressar, pois isso convém a um palafreneiro", previne o *Galateo* (1558), de Giovanni Della Casa, que tem um imenso sucesso europeu. A dimensão política desses tratados é certa: quando Della Casa critica as complicações da etiqueta espanhola, seu ponto de vista republicano florentino é facilmente identificado. Mas o importante reside no conhecimento histórico que é possível tirar do trabalho.

A teoria de Elias, a de uma civilização de costumes cuja sensibilidade é o instrumento e o indício, tem sido amplamente criticada desde a década de 1980. Hans Peter Duerr (1998), que vê nela inicialmente um eurocentrismo, criticou o trabalho de Elias sobre o tema do pudor misturado ao da vergonha – *Scham*, em alemão. Onde Elias mostrava o estabelecimento coletivo de novos critérios afetivos a partir do fim da Idade Média, implicando em primeiro lugar as sociedades da corte europeias e induzindo novos comportamentos corporais (não assoar o nariz na toalha de mesa, nem cuspir), Duerr mostra, ao contrário, que o sentimento de reserva e de contenção representa uma invariante cultural através do mundo e das épocas. À primeira vista, a abertura antropológica que ele propõe é salutar. Todavia, termina apresentando um perigo: o relativismo integral que dilui na semelhança traços históricos muito dissemelhantes.

A dificuldade repousa nos equívocos dos quais muitas vezes o trabalho de Elias é objeto. Para ele, falar de *processo* ou de *civilização* e buscar a variabilidade das formas afetivas não se conformam à apreciação moral: "Os termos 'civilizado' e 'não civilizado' não exprimem uma antinomia como 'bom' e 'mau', mas os marcos de uma evolução que de modo algum está completa". Poderíamos dizer que Elias acreditava na história, ou seja, na possibilidade que uma sociedade tem de se reinventar periodicamente conforme configurações sucessivas (para o melhor e para o pior), enquanto Duerr se funda sobre um essencialismo assumido que dá à história das sociedades uma linearidade sem nuança. O projeto de Elias, precisamente porque estimula a crítica histórica, é precioso para a história das sensibilidades (Mazurel, 2021). Convida a repensar seu objeto e sua abordagem, não se atendo a identificar as mudanças de condutas ou de disposições afetivas, mas a fazer deles um instrumento para explicar a longa transformação das sociedades humanas. Além disso, lega aos historiadores do sensível questionamentos que apenas suscita: Como uma sociedade forja suas convenções? Quais são as mudanças de escala em ação nas regulações das situações afetivas? Como, por exemplo, a imprensa e a difusão dos manuais de civilidade contribuem para a homogeneização das atitudes?

"Comunidades emocionais"

Voltado à compreensão das dinâmicas sociais, o poder das análises de Elias não esgota o questionamento dos historiadores. A partir da década de 1990, outras abordagens foram propostas (Plamper, 2010). Buscando dar conta da formação, no século XX, de uma cultura propriamente americana do *cool*, Peter Stearns (1994) estabeleceu os marcos de uma história dos "estilos emocionais". Mostrando o retorno entre 1920 e 1950 da moral vitoriana dos sentimentos e a desqualificação da repressão das "emoções negativas" (ciúme, raiva, entre outros), ele descreve, ao contrário do aumento do controle das emoções exposto por Elias, o advento, nas classes médias, de uma nova gestão das emoções que valoriza o informal, o espontâneo e o descontraído. Pouco importa que Stearns desconheça toda uma parte do trabalho de Elias. O essencial está na abordagem que ele propõe: fazer a história das emoções, para ele, é identificar *estilos emocionais* que atuam como norma cultural sobre as pessoas.

William Reddy (1997; 2001) apresentou uma estrutura de análise inteiramente diferente, mais radical e mais sofisticada, para a história dos estados afetivos. Para ele, os historiadores devem renunciar à busca pela *construção* das emoções ou dos sentimentos. Ele considera que existem traços universais da vida afetiva que são modulados no encontro das circunstâncias históricas. Mas estima também que as emoções funcionam ao modo de *emotives* [expressões emocionais], ou seja, de declarações da percepção que produzem sobre si e sobre os outros o estado afetivo desejado. Nesse sentido, dá aos historiadores a tarefa de descrever "regimes emocionais", concebidos como a "reunião das práticas que estabelecem um conjunto de normas emocionais e que sancionam aqueles que as infringem". Em outros termos, não é a transformação das emoções que forma o objeto dessa história, mas a forma propriamente histórica pela qual as pessoas "navegam" em um espaço de emoções cujas formas temporárias são dadas pelos Estados (ou pelas comunidades). Mostrando, por exemplo, que o contexto da Revolução e, depois, o do Terror era tomado em um discurso do "sentimentalismo" que contribuiu para exacerbar a intensidade das emoções e a avaliação de sua sinceridade, Reddy dá uma tonalidade mais política ao estudo das configurações afetivas.

Mas a proposição mais fecunda, inspirada em Weber, vem da medievalista Barbara Rosenwein (2006). Ela abriu, de fato, um espaço para a abordagem histórica: em vez de estudar as próprias emoções, trata-se de tomar por objeto as "comunidades emocionais", ou seja, os "grupos cujos integrantes aderem às mesmas normas de expressão emocional e valorizam ou desvalorizam as mesmas emoções ou constelações de emoções". Estudar os discursos produzidos por grupos sociais coerentes ao tema das emoções e da forma de as exprimir nas circunstâncias precisas permite destacar repertórios afetivos que, por serem construídos em oposição aos de outros grupos, fazem aparecer comunidades nas quais os sentimentos são "parte integrante dos múltiplos fatores de coesão ou de desintegração" que os fundam. É o caso na França do século VII, onde dois grupos de textos distintos destacam a existência de duas comunidades emocionais: uma, correspondendo à corte de Neustri no tempo de Clotário II, é marcada pela suspeita com relação ao amor materno, à ternura dos filhos e à afetividade excessiva; outra, a das facções emancipadas do rei um pouco mais tarde, na qual os homens e mulheres são passionais e os "sentimentos hostis vilipendiados" (Rosenwein, 2003).

Muito crítica com relação à "civilização dos costumes", descrita por Elias e que repousa sobre a ficção de uma Idade Média infantil e violenta, essa abordagem, de inspiração cognitivista, distingue-se também pelo modo como considera as emoções como *juízos*. Podemos, com certeza, objetar que repousa sobre vieses: jamais sabemos como os textos se articulam nos condutores efetivos, nem como se opera a aquisição prática nessas comunidades de esquemas afetivos que as fontes ativam; mas, sobretudo, o aspecto micro-histórico que necessariamente assume – inclusive quando se trata de escrever uma história das "gerações" sucessivas de sentimentos (Rosenwein, 2015) – impede a compreensão do modo como essas comunidades emocionais mudam no tempo. Sem dúvida, a abordagem parece ser de uma grande riqueza justamente por ser dirigida inicialmente para a construção do social e jamais tratar as emoções como puras afetividades subjetivas. Menos "normativa" do que a de Stearns, menos exigente do que a de Reddy, sem abandonar sua dimensão política, ela deu lugar a inúmeros trabalhos.

Monastérios, escolas, clubes de esportes, procissões, corporações, exposições universais e a diáspora grega da década de 1960 (Papadogiannis, 2014) não parecem escapar da identificação de comunidades emocionais. Podemos destacar dois exemplos. Para descrever como o gato se tornou animal de companhia no século XVIII, Tomohiro Kaibara (2022) esclarece a forma pela qual se constitui uma "comunidade emocional livresca" em torno do acadêmico François-Augustin de Paradis de Moncrif. Raillé, apelidado o "*historiogriffe*" (historiopata), o aristocrata, autor de uma obra intitulada *História dos gatos* (1727), organiza um espaço de enunciados e referências sobre o animal. O gato, inicialmente um sujeito feminino e frívolo, torna-se um modelo de masculinidade erudita e galante cuja participação nos livros garante a valorização afetiva do animal e a possibilidade de ser apreciado.

De um modo um pouco diferente, as "comunidades emocionais" deram lugar a uma nova leitura das *Epistolae duorum amantium* (Cartas de dois amantes), atribuídas a Heloísa e Abelardo, e, por meio delas, do sentimento amoroso no século XII. Mostrando que a correspondência é marcada pelas formas da educação monástica que, entre as jovens da aristocracia, comanda a escrita de cartas de amor fictícias, Bárbara Newman (2016) destaca a existência de duas comunidades emocionais distintas. O homem, em um registro próprio nas escolas catedrais, descreve seu *amor* sob os traços de forças cegas das quais é vítima e que o levam a "atos impulsivos dos quais se arrepende depois". A mulher mobiliza o registro dos monastérios femininos: articula o *amor* a uma afeição voluntária e razoável e o exprime sob a forma de uma fé e de um contrato (*foedus*). As críticas dirigidas à abordagem são instrutivas. Sylvain Piron (2018) destaca que as duas comunidades emocionais assim forjadas remetem, na realidade, a dois espaços sociais em "interação constante", cuja distinção é arbitrária. Propõe reformular o problema nos termos da construção social, desigualmente distribuída, das relações com a afetividade: "O homem não parece possuir todas as chaves de uma comunicação para a qual a mulher é melhor preparada".

A noção de comunidade emocional, utilizada em toda parte com uma plasticidade crescente, está sujeita a limites, mas isso não invalida a abordagem. Identificar esses limites é conceder-se os meios de uma história precisa e circunstanciada dos estados afetivos. Para não se tornar sem efeito como as "culturas" sem peso, deve, inicialmente, delimitar o papel das emoções e de sua expressão na formação dos grupos sociais. Desse ponto de vista, as abordagens adotadas não se sobrepõem. Essa, processual, inspirada em Elias, visa, pela transformação das formas afetivas, a explicar como se configuram e se reconfiguram as tensões constitutivas do mundo social. Aquela, inspirada em Rosenwein, de forma micro-histórica, dirige-se para a descrição do funcionamento interno dos grupos sociais como se identificam através da forma distinta de sua afetividade. Contudo, essas abordagens convergem em um ponto. Consideram os estados afetivos, não uma interioridade mental, mas uma performação social inscrita em um contexto. Elas abrem, assim, a via para uma abordagem que, pelo viés dos textos, dá às emoções um lugar na análise histórica das sociedades humanas.

Tomamos melhor sua medida quando consideramos o domínio, voluntariamente deixado de lado até então, das emoções políticas, ou, mais exatamente, dos usos políticos do sensível.

4
Emoções políticas

Que lugar ocupam as sensibilidades nas relações de poder? Quem decide o que experienciamos? Como nossas emoções são ajustadas às necessidades de uma ordem social, religiosa ou política que ela mesma torna necessárias; e como, ao contrário, na história, as mulheres e os homens, movidos pela raiva ou indignação, contestaram o poder ou renegociaram o mundo vigente? Se escolhemos tratar a dimensão política do sensível em um capítulo à parte é porque atualmente os trabalhos sobre o tema são muito numerosos. É também porque suscita, no cruzamento do individual e do coletivo, do determinismo e da *agency* (agência), questões centrais sobre a natureza e o funcionamento sensíveis da *cidade*.

O domínio é vasto e contraditório. Dos funerais reais às revoltas de rua, de processos de indignação nacional à cruzada contra os pés enfaixados na China, os pontos históricos por onde se unem o político e o afetivo mobilizam pesquisas muito diferentes. Para os abordar, decidimos examinar, *inicialmente*, a história das formas sensíveis do poder e, *depois*, da violência à crítica, a das práticas de subversão do mundo instituído.

Governar pelas emoções

Desde Ernst Kantorowicz e *Os dois corpos do rei* (1957), e, provavelmente, mesmo desde Heródoto, sabemos que o poder não vive somente de autoridade e de símbolos: vive também dos sentimentos (admiração, temor, dependência) que é capaz de suscitar naqueles sobre os quais é exercido. A observação pode se estender a toda a história das maneiras de *faire cité* (viver em comunidade).

Consagrações, terrores e banhos de multidão

O gesto real e imperial, o das consagrações, dos aparatos e dos funerais, constitui, e não somente no Ocidente, um modelo consolidado de governo pelas emoções. A arte de enterrar os reis na Renascença, essas cerimônias nas quais se realiza a continuidade da *dignitas* real ("O rei está morto, viva o rei"), testemunha isso (Giesey, 1987). Durante o funeral de Francisco I (1547), o féretro, levado sobre "uma carruagem puxada por seis cavalos vestidos de preto", atrai um longo cortejo de um quilômetro e meio, "marcado por uma atmosfera de aflição". A emoção sela a manifestação ritual da política. O mesmo vale para a *acclamatio* medieval, essas aclamações litúrgicas de alegria que, fora dos coroamentos, manifestam o culto ao soberano até o século XII, e que Kantorowicz (2004) mostrou ser a forma cristianizada de um costume em vigor na Antiguidade, em Roma e em Constantinopla. As emoções assim expressas são mais do que uma simples coadjuvante. São a própria condição das cerimônias do poder e do meio tangível de atestar sua eficácia: certificam o vínculo político da comunidade reunida na comunhão afetiva. A grande permanência desses usos, mesmo quando são muito díspares, sublinha o papel que cabe às emoções no funcionamento das relações de poder.

É, assim, pela mobilização das emoções que se mantêm a grandeza social e a autoridade política da aristocracia senatorial no tempo da República romana. Egon Flaig (2004) mostra a esse respeito a importância, nos séculos III e II a.C., dos funerais públicos que permitiam às famílias nobres "reiterarem na rua a manifestação de seu *status*" vinculando a eles as marcas de emoções coletivas. Políbio, então refém em Roma, observa que, quando um "personagem ilustre" morre, é transportado "com grande cuidado sobre o fórum". "O povo inteiro se reúne ao redor", e um de seus filhos relata suas virtudes e seus sucessos. "O resultado é que [...]

todos experienciam uma emoção tamanha que o luto cessa de parecer limitado à família e se torna do povo inteiro". E então a imagem do defunto, colocada em uma caixa de madeira, junta-se à procissão fúnebre quando outro membro ilustre da família morre, e todos se aproximam "majestosamente das carruagens". "Não há espetáculo mais belo de contemplar para um jovem apaixonado pela glória e pela virtude", conclui Políbio.

Essa *pompa funebris* constitui, certamente, uma faceta sofisticada das emoções políticas. A benevolência ostentatória dos benfeitores, que leva os notáveis romanos a erigirem estátuas, distribuírem alimentos, organizarem jogos e banquetes públicos de forma a obterem um sentimento de consenso cívico próprio para fundarem sua legitimidade política, é outra (Veyne, 1976). O mais interessante, a esse respeito, reside no que esse costume público das emoções diz sobre as configurações do poder que aí se realiza. Na França do Antigo Regime, os monarcas estão acostumados às emoções populares de comando. Na Paris do século XVIII, cada um dos eventos felizes da Coroa (casamento, nascimento, vitória militar, entre outros) dá lugar a regozijos públicos, com uma grande quantidade de lamparinas, sinos, iluminações e canções (Valade, 2019). O princípio é o da "coalegria", entendida como a "marca que damos a alguém da alegria que temos por uma felicidade que nos ocorreu". Visa, certamente, a associar à grandeza do rei a alegria pública de seus súditos. Mesmo quando as demonstrações de alegria eram inicialmente um "gesto de obediência às tradições e/ou às injunções reais", a emoção coletiva, assim orquestrada, significava, para as autoridades, assentimento ao rei.

As emoções do imperador: o caso de Roma

Entre os romanos, vários valores cardinais foram considerados entidades quase divinas, a ponto de lhe terem consagrado lugares de culto: existe, assim, na Roma antiga, os templos da Concórdia, da Boa Fé, da Piedade, da Esperança, da Honra e da Virtude. Sobre o verso das moedas que os imperadores mandam cunhar, esses mesmos valores reaparecem em imagens sob a forma de alegorias. E tudo isso dá lugar, na vida política, a demonstrações emotivas (Rey, 2022): assim, quando o Imperador Adriano manda queimar reconhecimentos de dívidas em pleno fórum, trata-se de uma promoção da *securitas* e de uma apresentação destinada a tranquilizar os numerosos cidadãos à mercê de seus credores; quando outro imperador ajuda as famílias mais pobres a financiarem as cerimônias fúnebres de seus defuntos, o poder imperial coloca em ação uma *pietas* amplamente compreendida.

Segundo fontes que privilegiam as categorizações fortes, os príncipes bons sabem perfeitamente usar emoções associadas a esse código de valores que rege o conjunto das relações sociais, enquanto os príncipes maus, inclinados à tirania, opõem-se aos sentimentos esperados. Portanto, um chefe de Estado que teria a "raiva no fundo do olho" é apresentado como um antimodelo por Plínio o Jovem. Ao contrário, aquele que, como Augusto, sabe ajustar sua clemência a todas as peripécias de seu principado, a ponto de levar seu perdão àqueles que conspiraram contra ele, vê-se gratificado por uma capacidade de dirigir bem o império. Esse mesmo Augusto recusa publicamente a acusação de ditador se ajoelhando e mostrando seu dorso nu em um gesto de súplica; mais tarde, chora quando lhe concedem o título de Pai da Pátria. As emoções podem, portanto, inflectir o curso de um reinado, acelerar uma decadência, favorecer uma futura divinização ou, ao contrário, prometer uma "abolição da memória", ou seja, a recusa do imperador em deixar qualquer vestígio no espaço comunitário, mesmo após sua morte. O regime imperial aparece, assim, como o lugar de uma política agitada de reações rápidas, epidérmicas, no qual os príncipes exercem sobre seus concidadãos um poder de atração ou de repulsão, aplicando cada valor instituído ou o negligenciando: em suma, todo um governo de afetos.

Tomando, muitas vezes, a rua como lugar de exercício, mas também os registros de condolências presidenciais (Baudot, 2007), todo um teatro público de emoções se organiza em formas com historicidade distinta. As procissões mortuárias permitem, assim, compreender, por meio das emoções que manifestam, um momento intenso de concorrência e de recomposição da oferta política (Fureix, 2009; 2011). Entre 1815 e 1849, momento de aprendizagem da vida parlamentar, o enterro das vítimas da Revolução, o dos Bourbon e o de Napoleão, orquestrados pelas autoridades, sustentam, através do luto político, a celebração dos "grandes homens". Face a eles tomam forma "lutos de protesto". Em torno de figuras políticas de oposição – os vencidos, os insurgidos das barricadas, os "liberais" – vemos estudantes, trabalhadores, lojistas, comerciantes e "caixeiros" tomarem a rua, levarem féretros nos braços, orná-los de coroas e tecidos tricolores e os acompanhar de elogios que fazem com que esses "enterros de oposição [...] beirem a aclamação". Longe de se restringir ao domínio das ideias, a "soberania popular" exige, para ser compreendida, que se estude a emoção pública pela qual se exprime.

Emoções de instituição

Todavia, descobrir que as emoções perpassam a política não basta para explicar como intervêm nela. Diante da raiva ou das lágrimas manifestadas durante uma cerimônia, até que ponto podemos admitir que são a manifestação de um vínculo afetivo inerente a essa cerimônia ou ao regime que a produz? A questão aqui, posta com vigor entre os historiadores por Paul Veyne (2002), é a da interpretação justa das emoções. Que grau de certeza podemos ter, ele pergunta, de que as estátuas, imagens e todo aparato imperial romano constituíam o instrumento político próprio para suscitar na população um "amor ao rei", e que esse amor formava, em contrapartida, o meio de garantir a grandeza do monarca? A coluna Trajana, erigida no fórum do Imperador Trajano em 113 d.C., constitui, desse ponto de vista, um bom objeto. A borda esculpida não é visível, pois se localiza muito no alto. Podemos sempre imaginar que todos conhecessem seu conteúdo. Mas não podemos afirmar que garantisse o vínculo afetivo do povo a seus grandes homens e menos ainda que esse fosse seu objetivo. O que se apresenta aos historiadores é outra coisa. A grandeza do imperador não se deduz do entusiasmo ou do amor que ele suscita, e o amor que ele suscita não funda sua grandeza.

Ele é dotado de grandeza porque é imperador, e os sentimentos que se vinculam a ele são aqueles que vinculamos a qualquer um quando é imperador.

Ora, nessa prudência interpretativa, que inicialmente conecta as manifestações afetivas não às pessoas, mas às instituições, há uma via que interessa diretamente à história das emoções políticas. Ela foi aprofundada por Nicolas Mariot (2008) sobre o tema dos banhos de multidão presidenciais no século XX e dos "entusiasmos cívicos" ligados às festas. Qual é nosso grau de certeza de que a emoção manifestada publicamente por uma multidão na alegria ou no sofrimento contém uma significação política, ou seja, que representa "assentimento", "aclamação" ou "contestação" ao rei, ao regime ou ao poder? A pretensão é enganosa. Implicitamente, a chegada imprevista do General de Gaulle a Montluçon numa manhã de domingo em 1959, à paisana, com a cabeça descoberta, que suscita "poucas aclamações, mais de respeito e de curiosidade do que de entusiasmo", testemunha isso. Não aplaudimos um presidente (um rei, um cantor, entre outros) durante um banho de multidão porque aderimos ao que ele é; nós o aplaudimos porque é isso que se espera em uma situação cuja particularidade é justamente ter sido organizada de tal modo que as manifestações afetivas da multidão evidenciem o apoio ao chefe de Estado e podem representar o fundamento de sua legitimidade (Mariot, 2006).

O problema que se coloca aos historiadores toma, portanto, uma natureza inteiramente diferente. O objetivo não é descrever as emoções do público para provar seu vínculo ao poder, nem, tampouco, buscar estabelecer o grau de sinceridade desses vigores afetivos, mas de mostrar a formação e a rotinização dessa "regra do jogo" que nessa cerimônia evoca uma determinada emoção e lhe vincula uma significação política (legitimidade do poder, ilegitimidade, entre outras). Os trabalhos sobre o tema dessas emoções instituídas se multiplicaram. André Loez (2010) mostra que, assim como o envolvimento dos *poilus* na Grande Guerra é atribuível não tanto ao seu vínculo afetivo à nação ou ao ressentimento com relação ao inimigo, mas à ritualização entre eles do que é necessário fazer quando há uma guerra, sua desobediência não é atribuível a uma falha pessoal na adesão afetiva aos motivos da guerra. Igualmente, em vez de decidirmos que as inúmeras altercações em torno dos escrutínios eleitorais durante a III República manifestam uma desconfiança popular com relação ao voto ou ao "espírito" republicano, podemos mostrar que, ao contrário, se formaram configurações sociais localizadas que faziam dessas "emoções gerais" uma forma de participar da competição quando havia uma votação (Granger, 2021).

De um modo mais geral, quer adotemos ou não essa perspectiva, o estudo das emoções alimentou amplamente a história da política. É muito fecundo descrever a forma pela qual um regime, uma comunidade ou um projeto de sociedade se elabora com base em uma relação com as emoções. Encontramos na história do Terror um exemplo consolidado (Simonin, 2022). O período (1793-1794) é marcado não só pela violência política e pelos massacres, mas também pela celebração da probidade, da amizade, da virtude e da sinceridade dos sentimentos que transformam as relações interindividuais. "Para compreendermos os eventos violentos da Revolução devemos compreender como os próprios terroristas eram aterrorizados" (Tackett, 1997; 2018). Mas essa mudança das emoções sustenta também outra transformação. Ao dar ao povo a possibilidade de um uso regulamentado da força, ou seja, ao dar à vingança uma "forma pública e regulamentada", os legisladores, traduzindo-a em lei, canalizaram as emoções do povo (Wahnich, 2002). De modo que "o Terror é apenas um sonho de governo das emoções do humano novo, ele próprio uma política governada pelas emoções e, por vezes, submergida por elas" (De Baecque, 2002).

O importante é a abordagem adotada: não se trata de estudar as emoções concebidas como reações afetivas que poderiam ser descritas por si (Rosenberg, 2014); trata-se de as estudar como o produto e o instrumento de uma forma particular de organização das sociedades. Encontramos seus vestígios em dispositivos duráveis, como a amizade na alta Idade Média, que Régine Le Jan (2016; 2024) mostra ser um modo central de orquestração das relações sociais, inicialmente tornando a pessoa um ente de relações, uma "pessoa racional" capaz de envolvimento afetivo e de "distância crítica" com relação à sua rede de amizades. Mas há também formas mais pontuais. Uma delas é, na Inglaterra de 1660, a iniciativa de expiação empreendida pela monarquia restaurada que, com a ajuda de impressos baratos, se empenha em incutir na população um sentimento de "vergonha nacional" sobre o período que seguiu o regicídio de 1649 (Peter, 2017). A história das emoções políticas se mostra, assim, muito rica, na medida em que não se restringe às formas políticas abertamente identificadas como tais.

Dizer e ordenar: o sábio e o religioso

Se há um lugar que sabemos ser vítima das sensibilidades é o das religiões e do religioso, no qual se misturam as crenças instituídas e outras mais difusas. Politeísmo, monoteísmo, culto à natureza, ao dinheiro, à pátria, à pessoa ou ao corpo: as experiências religiosas são de toda ordem. Os costumes sociais da religião e suas implicações sensíveis formam um material sem limite para os historiadores, que há muito recuaram diante de uma empreitada assim. A objetividade científica se vê aí imediatamente desencorajada: mais do que em qualquer outro domínio de pesquisa, como é possível evitar o envolvimento excessivo no tema?

É, sobretudo, Karl Marx e Friedrich Engels que, detectando o que provinha das "superestruturas", mediram o lugar que ocupa a religião no ordenamento da sociedade. A eles seguiram os antropólogos e sociólogos preocupados em investir nesse campo de pesquisa. Dois exemplos: a noção de "tabu", com seus correlatos sensíveis, que emergiu dos trabalhos de William Robertson Smith; e a clássica análise do vínculo que, conforme Weber, poderia unir o protestantismo e o capitalismo.

Como resultado dos processos de descristianização, os próprios historiadores terminaram se ocupando das "mentalidades religiosas". Inicialmente, nos períodos antigos: *A cidade antiga* (1864) de Numa Denis Fustel de Coulanges forma um desses escritos premonitórios que permitem vislumbrar todo o partido que tiraremos do estudo do religioso. Fustel de Coulanges tenta remontar às fontes sensíveis "da" religião, nas famílias e lares: "Antes de conceber e adorar Indra, ou Zeus, os humanos adoraram os mortos; tinham medo deles, dirigiam-lhes preces. Parece que o sentimento religioso começou por aí" (Fustel de Coulanges, 1864). Posteriormente, os historiadores do século XX se voltaram com prudência a essas questões. Com *Os reis taumaturgos*, Marc Bloch avançou sobre o terreno religioso, marcando suas distâncias com o rito que descrevia, ou seja, o toque curativo (Bloch, 1924). A despeito de suas convicções laicas, Bloch compreendia que havia na religião o que, por séculos, informava visões de mundo, visões no sentido próprio: "As nuvens não mudaram de forma após a Idade Média. Nós não percebemos mais, porém, cruz nem espada milagrosa", ele observava em seu *Apologia para a história* (1940-1943).

A religião se tornou pouco a pouco um tema quase como os outros. Em particular, a religião "vivida" pela grande maioria, por meio de seus canais de expressão e de seus excessos. As peregrinações com suas "fadigas e esgotamento do corpo e da alma" foram reconsideradas (Dupront, 1997). Casos suscetíveis de se tornarem tipos sociológicos foram exumados dos arquivos da Inquisição, como o do moleiro Menocchio (Ginzburg, 1980). As inumeráveis rejeições ao cristianismo foram pouco a pouco identificadas, tamanha a emergência, na Inglaterra do fim do século XVII, do "humano sensível" ou do "humano de sentimento" sob a influência do movimento latitudinário para o qual a pessoa não pode ser cruel por natureza. Encontros estranhos entre a técnica e a religião foram revelados: a generalização do telégrafo elétrico no inverno de 1854 confortou curiosamente o espiritismo, ávido por mostrar a possibilidade de todas as comunicações, mesmo as mais insólitas (Cuchet, 2012).

Pouco a pouco, o imenso espectro das sensibilidades religiosas foi sendo melhor explorado, mesmo em suas formas de crueldade – carnavalescas ou sérias – com relação a inimigos na religião, na apresentação de si que implica a adesão ao culto escolhido, e nos reflexos de devoção exigidos dos turistas quando visitam uma igreja ou um museu, em um tempo de sacralização da arte. O estudo dos códigos e das condutas vinculadas às sensibilidades religiosas está longe de ser esgotado. A compreensão do mundo social passa muitas vezes pela revelação dos mecanismos pelos quais as pessoas seguem um conjunto de preceitos ou de crenças que lhes chegam através de todos os tipos de vieses. Mesmo quando os monoteísmos são triunfantes, a fé estritamente compreendida jamais é única e suficiente, dando lugar às sobreposições caóticas de posturas "religiosas" e de convicções mais ou menos afirmadas: a "floresta de mitologias" da qual Elias falou no final de sua carreira. Finalmente, em uma mesma pessoa coexistem muitos vínculos espirituais, cuja hierarquia varia conforme necessidades pessoais e coletivas. Os historiadores do sensível encontrarão aí um material abundante, caso não recuem diante da parte invisível que comportam os fenômenos religiosos e aceitem ultrapassar as categorias – muito redutoras – de "racional" e de "irracional" que abreviam a análise em vez de a enriquecerem. Imaginemos: as maneiras contemporâneas de exaltar o esporte, o amor conjugal, as viagens, os animais ou as paisagens "selvagens" – para citar alguns exemplos – não convidam a um retorno à gênese dessas adorações?

Revolta, escândalo, indignação

Descrever as formas históricas de governo pelas emoções é percorrer metade do caminho. Nas duas últimas décadas, a afirmação de uma história atenta à capacidade de atuação dos atores no mundo (*agency*) deu um lugar novo aos movimentos de contestação popular, mas também, em outra direção, às formas plurais da crítica dos agenciamentos sociais. Ora, a questão do uso político das emoções ocupa aí um lugar central.

Mobilizações políticas e emoções populares

A história das revoltas, das dissidências e dos modos de resistência de grupos dominados nada tem de novo. O que é novo, no entanto, é a ampliação do questionamento histórico para incluir a lógica emocional desses movimentos (Bantigny *et al.*, 2020). Essa ampliação se respalda nos trabalhos importantes de ciências sociais de orientação anarquista como os de James C. Scott, *A Dominação e a arte da resistência* (2009). Mas ela adota também a multiplicação no mundo dos movimentos sociais de vocação política – da Primavera árabe (2010-2011) ao movimento Black Lives Matter nos Estados Unidos (2013-), dos Coletes Amarelos (2018-) à tomada do Capitólio (2021). Ora, a história assim desenvolvida não se restringe a acrescentar emoções ao estudo da política: convida a repensar essa última a partir delas.

Há muito, o povo foi concebido como estranho à política em razão das emoções excessivas que lhe são atribuídas. Essa exclusão, na história, toma formas variáveis. Em *A república* (por volta de 375 a.C.), Platão, inspirado na matéria de Hesíodo e de Píndaro, reserva um papel para o afetivo na política: o *thymos* (ardor, medo, raiva), concebido como um "veículo afetivo da virtude", capaz de sustentar os juízos e a imitação de um ideal, entra na formação não racional dos cidadãos virtuosos e racionais (Hobbs, 2000; Frère, 2004). Mas o thymos é ambivalente. É a emoção no centro da política, mas, na medida em que pode versar no excesso, é também a ameaça.

A construção moderna do bem público, sobretudo entre o século XVI e o XVIII, prolongou e deslocou o princípio. Embora seja dado à "razão" o privilégio nas coisas políticas, o papel reservado às emoções não desaparece. Mas, ainda que sozinhas as emoções "nobres" (honra, raiva, amor, entre outras) sejam legítimas para intervir na política, essas últimas são estreitamente reservadas a uma "elite". As emoções populares, consideradas bruscas, versáteis e irracionais, assemelhadas ao bom prazer pessoal, justificam a exclusão do povo do campo político. Ainda na França da III República, a veemência de caráter ou o "sangue quente" atribuído aos trabalhadores favorece sua deslegitimação para figurarem no núcleo do pessoal político (prefeitos, deputados, entre outros) (Offerlé, 1984). Mas a desqualificação é mais profunda: como mostram os dias após a Revolta dos Canuts (1832), que levou o *Journal des Débats* a declarar que "hoje, os bárbaros que ameaçam a sociedade não estão no Cáucaso nem nas estepes da Tartária; estão nos subúrbios de nossas cidades manufatureiras", é aquela de uma democracia que atribui a emoção ao povo e, por isso, o afasta do poder.

Considerar a política sob o ângulo das emoções populares não é, portanto, algo óbvio. Sem dúvida, essa possibilidade foi aberta por Corbin (1990). Em *Le village des cannibales* [A aldeia dos canibais] (1991), ele se propõe a explicar como, em Hautefaye, em agosto de 1870, uma multidão de aldeões captura um jovem nobre acusado de ter gritado "Viva a República!", tortura-o e o queima. Ao recompor a "coerência dos sentimentos", o vínculo ao bonapartismo, o vigor do discurso antinobreza, o jogo local dos rumores e das bravatas, mas também a longa influência das figuras do massacre, ele não mostra apenas que a raiva e a crueldade constituíam ainda, "após 19 anos de sufrágio universal", uma forma de expressão política, prova, sobretudo, o quanto a "lógica dos sentimentos" entra na construção da política.

No fundo, podemos admitir que as emoções estão no centro das formas populares de contestação. Mas não basta destacar a filiação etimológica que vincula *émeute* (comoção) a *émouvoir* (emocionar) e então a *esmotion* que, no fim da Idade Média, designa uma agitação popular (Hochner, 2016). Toda a questão consiste em determinar como as emoções contribuem efetivamente para esses protestos coletivos. Desse ponto de vista, podemos distinguir nos trabalhos de historiadores cinco tipos de respostas:

1. Uma, concentrada no terreno afetivo dos envolvimentos militantes, dedica-se a mostrar a força mobilizadora dos sentimentos. Na década de 1970, em um momento em que o militantismo masculino é levado a se distanciar dos afetos, considerados uma forma de despolitização, os homens envolvidos nos coletivos feministas fazem, ao contrário, valer um "vínculo sentimental ao feminismo": tiram de seu sentimento de sofrimento e de injustiça pessoais uma poderosa motivação de solidariedade e de lealdade que os leva a agirem (Jacquemart, 2020). O estado afetivo constitui aqui um recurso para a ação.

2. A emoção pode também ser considerada uma determinação causal das sublevações populares. Busca-se, portanto, identificar se, como e até que ponto ela motiva a movimentação da revolta. Retornando sob esse ângulo sobre a comoção popular antijudaica de Alexandria em 38 d.C., que vê a "populaça" da cidade pilhar as casas dos judeus, caçar os habitantes aos milhares, insultá-los, brutalizá-los com golpes de pedras e tijolos, com alguns sendo queimados, outros arrastados pelas praças e pisoteados, John Atkinson (2006) se pergunta o que é necessário para desencadear um ódio assim entre comunidades que antes viviam pacificamente. Segundo ele, ainda que sustente o movimento, a hostilidade antiga dos gregos e dos egípcios com relação aos judeus explica menos que a emoção brusca suscitada pela visita do novo rei da Judeia, Agripa I. A recepção entusiástica que lhe reservam os judeus de Alexandria é percebida como uma deslealdade com relação ao poder vigente e suscita a raiva no núcleo das categorias populares, liberando, assim, a violência odiosa. Se não possui o *status* de uma causa pura e perfeita, a emoção tem, aqui, o papel de motivação: intervém na ação para a determinar ou lhe dar sua intensidade particular.

3. Todavia, é raro traçar um fio tão claro entre emoção e sublevação populares. Vários trabalhos mostram que o vínculo entre os dois deve ser estudado com mais sutileza. Examinando o

uso do rebate nas revoltas entre o século XIV e XVIII, Philippe Hamon (2019) destaca que essas sublevações não repousam sobre um "contágio" das emoções, mas que procedem de uma série de negociações mais distintas. Com efeito, a eficácia do "rebate de revolta" nada tem de garantido. É necessário ainda "convencer aqueles que acorreram a se envolverem na revolta". É o que ocorre em 1793 em Chanzeaux: um habitante toca o rebate e "arenga os paroquianos que se reúnem mostrando-lhes um policial que acabou de matar"; então, "os habitantes, convencidos, seguem-no e se dispersam para ir, por sua vez, soar o alarme nas paróquias vizinhas". Em outros termos, o rebate não provoca a emoção: abre uma intensa politização da situação que, após uma fase de deliberação que considera a revolta justa, suscita a emoção propícia à sua realização. Reúne-se e depois se "comove". A análise permite, assim, sair da explicação mecanista, que faz das emoções uma motivação automática da sublevação.

4. Os trabalhos de historiadores, mesmo quando a iniciativa é ainda mais difícil, podem se apropriar das emoções enquanto intervêm no próprio núcleo da sublevação. O território é o da subjetivação política. Compartilhar a mesma agitação é unir o grupo, coordenar a ação no mesmo diapasão emocional. Mas isso não é tudo. A partir dos grupos de trabalhadores em greve (Gallot, 2012), ou, ainda, das mulheres envolvidas nos "Grupos de Mulheres" da década de 1970, por exemplo, compreende-se o quanto a experiência sensível da luta política intervém como alimento do protesto: ela as conduz, pela raiva e indignação, a se desfazerem das atribuições, a verificarem que os homens não são "corajosos" por natureza nem as mulheres necessariamente dominadas (Bantigny; Gobille, 2018). Ao reunir, a emoção cria a política.

5. Um último espaço de análise possível concerne ao modo pelo qual as emoções são mobilizadas para dar eficácia à ação política, ou para se estender a grupos sociais que, no início, não se

sentem concernidos. Os trabalhadores em greve da usina Rateau em 1974 (Granger, 2011) e os militantes do MLAC pelo aborto livre em 1977 (Ruault, 2017) se esforçam para controlar o que se diz de seu protesto, garantindo que à sua luta seja vinculado um sentimento de indignação capaz de tocar e de mobilizar. Os dispositivos de sensibilização que vão do panfleto ao *sit-in*, passando pelos jogos de futebol e concertos, testemunham isso. Apresentar a situação como *revoltante* e o movimento como *justo* é, assim, implementar o repertório socialmente construído das "emoções agitantes". Em meio aos cartazes brandidos na rua durante o movimento dos Coletes Amarelos, um trazia esta mensagem exemplar: "Caros burgueses / Lamento perturbar vocês / Podemos todos / viver dignamente?"

Essas vias de análise foram inegavelmente exploradas pelos historiadores. É, certamente, enganoso as isolar umas das outras, pois as emoções podem muito bem intervir em diferentes momentos de uma sublevação ou de uma comoção, suscitá-la, mantê-la, orientá-la ou sustentar o envolvimento das pessoas. O importante é que o estudo da dimensão afetiva das mobilizações populares irriga o estudo das configurações políticas, notadamente porque convida a se manter mais próximo da capacidade de ação de mulheres e homens do passado.

Sensibilizar: as mãos seccionadas do Congo

Na história, a sensibilização para as violências sofridas remotamente é uma poderosa alavanca das mobilizações humanitárias. A campanha internacional conduzida a partir de 1890 contra as exações cometidas pelo Estado independente do Congo, sob a tutela pessoal do rei dos Belgas, Leopoldo II, é exemplar. A exploração da "borracha vermelha" leva ao estabelecimento de um sistema de trabalho forçado, que é acompanhado de estupros, torturas, raptos e ataques punitivos contra as aldeias recalcitrantes. Os homens da Força Pública (exército colonial), que devem prestar contas de cada cartucho utilizado, recorrem, por vezes, a uma mutilação muito particular, que consiste em decepar as mãos de suas vítimas.

A denúncia dessas atrocidades toma a forma de uma mobilização internacional destinada a suscitar um escândalo humanitário (Pavlakis, 2015; Arzel, 2020). Respaldada nas informações coletadas pelos missionários cristãos, e que alimentam as primeiras denúncias de "crimes contra a humanidade", ela se intensifica a partir de 1904 sob a ação do militante britânico Edmund Dene Morel. Por meio da Congo Reform Association [Associação de Reforma do Congo], as reuniões e os livros que consagra à questão, começando por *Red rubber* [borracha vermelha] (1906), Morel atrai para a causa todas as correntes políticas e grandes romancistas como Mark Twain, Joseph Conrad e Arthur Conan Doyle. Mas esse trabalho de sensibilização também deve sua eficácia ao uso da fotografia, que dá concretude às atrocidades que denuncia. Em 1904, horrorizada pelos atos cometidos no distrito de Nsongo, Alice Seeley Harris, missionária batista, captura em uma cena o horror das mãos decepadas: Na sala, um pai, sentado, desesperado, olha fixamente a mão e o pé cortados de sua filha de 5 anos, morta mais cedo por guardas. A série de fotos é publicada na imprensa e na obra de Morel. Ela é a ocasião de um retorno das sensibilidades, à qual também contribuem, a partir de 1906, os ciclos de conferências que Seeley Harris realiza com seu esposo no Reino Unido e nos Estados Unidos, exibindo as fotos por meio de um projetor de *slides* (Grant, 2001).

Encontros, obras e fotografias destacam, assim, a coerência de um trabalho de sensibilização que visa a tornar insuportável ao tornar visível. Apoiando-se no estado das sensibilidades humanitárias, a campanha contra as mãos decepadas marca uma etapa na história das maneiras de construir causas morais e de suscitar a indignação à distância.

Escândalos e indignação, ou a racionalidade das emoções

As emoções podem invadir a cena pública. Esse tem sido o caso, nos últimos anos, de todas as pessoas que, conforme seu desejo de pertencimento, apelam ao respeito à sua sensibilidade. Textos suscetíveis de chocar os leitores vítimas de discriminações são identificados por *sensitive readers* (leitores sensíveis). Essa é muitas vezes a posição de mulheres racializadas, capazes de sentir, por trás das palavras, todo o peso de preconceitos persistentes e de discernir o caráter ofensivo que podem conservar expressões de aparência anódina, pois a apropriação cultural subestima a dor de uns e a brutalidade de outros; nega, sem se dar conta, as opressões sofridas. O que poderia parecer uma restrição do campo de interpretação, um entrave à livre-pesquisa, pode, quando compreendido apropriadamente, mostrar-se útil aos historiadores: essa hipersensibilidade ao julgamento exterior deve encorajar a atenção redobrada à abordagem das fontes, à interpretação das atitudes e reações de homens e mulheres do passado, mas também à apreensão do presente.

Pois existe uma construção afetiva das "causas". *Slogans* políticos recentemente podem ser expressos em formulação emotiva simples, cujos prolongamentos concretos nem sempre pareceram límpidos. Elaborada há alguns anos por Stéphane Hessel, em um texto curto de intervenção, a inclinação para se indignar teve, assim, repercussões em vários países, notadamente na Espanha, onde se formou o movimento dos "Indignados", também chamado "do 15 de maio". Por sua ampla acepção, a indignação se tornou, assim, o sinônimo de uma vontade de resistir a todos os males da época e aos abusos dos poderosos, sob o risco da dispersão dos envolvimentos. Mas, na verdade, por trás do rótulo de um sentimento compartilhado, o que importa é algo diferente: a capacidade de reinstituir o espaço comum e, em particular, as praças, sedes de novas relações sensíveis na cidade e em suas possibilidades de debate democrático (Zask, 2022).

Se os citadinos puderam, ultimamente, contribuir para a emergência de formas inéditas de ação pública, os habitantes dos territórios periurbanos e do campo não ficaram à margem. O movimento dos Coletes Amarelos converteu em terreno político lugares ora invisíveis, como as rotatórias, ora muito visíveis, como os Champs-Élysées (Bantigny, 2020). Além disso, ele escolheu uma palavra de ordem eminentemente afetiva: a raiva, reflexo de um estado de opressão geral, transformada em vigor coletivo. Mais nobre do que o "farto", mais radical do que a indignação, mais apresentável do que o ódio, mais enérgica do que o banal descontentamento, essa raiva pôde aparecer como um posicionamento de contornos incertos. Ela traduz uma dificuldade de nomear as lutas necessárias e de determinar a quais programas de leitura queremos submeter os eventos contemporâneos. O que quer que seja, onde antes se denunciava os mecanismos de dominação social, encontramos uma emoção que terminou servindo de máxima a um movimento inteiro, profundamente heterogêneo em suas reivindicações.

Os afetos são finalmente o que se percebe, mesmo quando todo o resto se obscureceu, quando não sabemos mais de onde provêm as violências – exercidas sobre nós, sobre os outros, sobre o mundo – e como perduram. O sensível é o refúgio da certeza em um mundo em que tudo tem o ar indiscernível. Pensadores da ecologia encontram aí também motores de intelecção do desastre ambiental atual. A constatação de uma "crise de sensibilidade" (Morizot, 2020) diante do "vivo" (animais, vegetais, rochas e, de maneira global, de todos os elementos primordiais) pode ajudar a politizar nossas relações com a "natureza": trata-se de recriar vínculos de afeição, ou ao menos de compreensão, com os vivos não humanos que garantem a manutenção de todas as vidas. E esses vínculos recriados provêm de novas possibilidades de agir ou, quando necessário, de não agir.

No fim das contas, quando entram no domínio político mais amplo, os assuntos de sensibilidade mostram sua racionalidade. São considerados reveladores de um certo estado da sociedade e indispensáveis tanto à boa conduta dos destinos individuais como do devir coletivo. As "emoções" – ou seja, as comoções e as sublevações do Antigo Regime – não eram, ademais, mais irracionais do que as manifestações de hoje. O trabalho da história encontra aí um convite para considerar que perceber e refletir constituem duas dimensões que, na política, merecem ser associadas mais do que separadas.

Uma "divisão do sensível"?

Um último ponto, transversal, merece atenção no que concerne às relações entre emoções e política. Podemos o emprestar de

Jacquer Rancière (2000), cujo conceito de "divisão do sensível" é particularmente proveitoso. O filósofo explica: "Chamo divisão do sensível o sistema de evidências sensíveis que exibe, ao mesmo tempo, a existência de um comum e os recortes que nele definem os lugares e as partes respectivas". Em outros termos, a organização social do perceptível e do experienciável, do visível e do invisível, determina a participação das pessoas na coisa pública. Ora, aí se encontra material para uma história sensível precisamente porque o que atua assume a forma de uma sensibilidade. Podemos pensar na racionalização do sentimento do tempo no Ocidente.

A construção das grandes referências temporais, quer se trate da semana, do dia, da noite, das estações, do ano, é, assim, perpassada por objetivos de poder consideráveis. No século XVI, em ligação com a Reforma protestante, a valorização de uma moral da pontualidade concebida como disciplina de si (Engammare, 2013) não concerne somente à história do tempo e da medida moderna do tempo: criando uma linha de divisão profundamente política entre quem tem tempo e quem não tem, torna naturais experiências do mundo cuja particularidade é ter a forma de um jogo de afetos que não é discutido como política. O ebanista, que encadeia os gestos e submete sua tarefa às divisões da jornada de trabalho, é cativo de uma linha de divisão que o exclui da construção das possibilidades (Gauny, 2017). Mas o traço é ainda mais surpreendente sobre o terreno da afetividade. A história das relações de poder não concerne somente à exclusão das emoções, ou de algumas entre elas, do campo político. Deve se estender mais além, para considerar a maneira pela qual o acesso aos assuntos da cidade é o fruto de uma separação, inscrita nos afetos, entre as pessoas. Sentir-se inferior, secundário, ou infundado para intervir constitui uma maneira de exclusão, cujo funcionamento histórico é necessário compreender.

Tomar as coisas assim supõe ampliar a história das sensibilidades na dimensão política dessa divisão do sensível. Ela se deixa mais facilmente atingir através dos momentos em que as pessoas desconstroem as evidências sensíveis para afirmar outra divisão. A exposição de desigualdades e opressões é eloquente desse ponto de vista. Os trabalhadores têxteis, que, na Inglaterra de 1811-1812, agrupam-se para destruir os teares (Thompson, 1963), como o movimento Occupy Wall Street (2011), cujos participantes exibem grandes bonecos infláveis que ridicularizam a ordem armada que a polícia utiliza (McKee, 2016), ou ainda as colagens feministas contra as violências feitas às mulheres, cujas folhas A4 coladas nas paredes após 2019 desviam o anonimato do espaço público, revelam, ao subvertê-las, as formas sensíveis que o mundo assume que elas denunciam e se dão, assim, a possibilidade de uma intervenção política. Mas há outras formas. A "ética do amor" – que, em 1978, o afro-feminismo radical de bell hooks (2001) enaltece – é sua encarnação clara. Contra a exclusão do amor, assunto considerado feminino, do domínio da política, trata-se de elaborar as condições de uma verdadeira emancipação das mulheres negras, que passa pelo amor de si e pela "capacidade de nos importarmos com a opressão e com a exploração dos outros". Concebidos como uma ampliação do sensível, esses rearranjos vêm, portanto, fundar uma nova maneira de fazer comunidade.

Há, nessas divisões do sensível, um domínio para a história das sensibilidades, que completa utilmente o estudo dos vínculos entre emoções e relações de poder.

5
Uma história no presente

Ocorre, na história das sensibilidades como em todas as histórias: os conhecimentos que ela produz têm apenas o valor de seus métodos de trabalho. Não basta, portanto, para descrever essa abordagem histórica, mostrar seus objetos, suas pesquisas e principais aquisições. É necessário também descrever a maneira como se realiza e os instrumentos usados. Neste último capítulo, gostaríamos de clarificar esses pontos tão concretamente quanto possível. Mais do que conselhos práticos, adotamos uma discussão de método. Como escreve Antoine Prost (1996), "a história é o que os historiadores fazem". Escolhemos acentuar três aspectos do tema das sensibilidades: *inicialmente*, a produção dos conhecimentos; *depois*, as relações com a escrita; e, *por fim*, as formas de intervir no espaço público.

Como conhecer?

Como chegamos a um conhecimento em matéria de história das sensibilidades e que tipo de conhecimento é esse? Certamente, há mais de uma maneira de proceder. Aquela datada e formulada há muito por Febvre merece atenção. Para ele, o conhecimento sobre as sensibilidades passadas provém de um exercício intelectual de atenção e imaginação. Diante dos documentos, é necessário desconfiar do que ele nomeia o "anacronismo psicológico", cuidando para não projetar sobre os homens e mulheres do passado as formas de afetividade que "pertencem a nós, brancos da Europa

Ocidental, integrados a grupos de cultura muito velha" (Febvre, 1938). O conhecimento sobre as sensibilidades começa aí: distanciar o familiar para perceber uma diferença que deve então ser compreendida. Todavia, esse princípio, o de um esforço de imaginação metódica, permanece muito geral. Ele determina o espírito da abordagem; nada diz sobre a forma de a conduzir bem.

Quais fontes?

O primeiro ponto a examinar diz respeito à documentação. Os trabalhos que mobilizamos bastam para o destacar: nenhum tipo de fontes, das tabuletas de cera aos *selfies*, é externo à história das sensibilidades, e nenhum constitui seu território privilegiado. Não é a natureza do documento que funda essa história, mas os problemas construídos em seu encontro. Retomar os tratados de teologia escritos entre 1095 e 1291 e buscar neles o vocabulário afetivo permite avaliar a parte das emoções na conduta das Cruzadas (Spencer, 2019). É a inventividade dos *corpus* documentários elaborados e das formas de os questionar que define a melhor maneira de se fazer a história das sensibilidades.

A crítica aos documentos ocupa aí um lugar particular. Visa a elucidar o que liga o dito e o experienciado. Encontrar a expressão de uma sensibilidade, inclusive nos textos que lhe são reservados, como o diário íntimo ou a correspondência amorosa, deve levar à recomposição do que ao mesmo tempo a torna possível e a restringe.

A sensibilidade dita é uma forma já ordenada da percepção. Exprimir seus sentimentos ou os ocultar, quando se é homem ou mulher, pode constituir uma modalidade de afirmação ou de distinção de si que possui apenas uma relação distante com o que é efetivamente percebido. E o modo de manifestar uma emoção no momento em que é esperada, como no exercício da confissão religiosa ou no sorriso para uma fotografia (Gunthert, 2023), revela, inicialmente, a conotação afetiva de uma situação social e o grau de conformismo de quem relata ou mostra o que experiencia (ou não). Em suma, todo indício de afetividade é, inicialmente, o vestígio dos dispositivos sociais que, nessa ou naquela circunstância, levaram a considerar legítima a gravação ou a declaração de um estado afetivo. Questionar o que encerra a existência da fonte permite dar um lugar justo às sensibilidades.

Anne Carol (2017), por exemplo, se interroga por que os processos verbais de execução do século XIX registram as emoções dos condenados no momento em que vão morrer. O importante não está no que é experienciado (medo, remorso, bravura ou impassividade), mas na significação atribuída a essas marcas de emoção: é bom que os condenados expiem o horror de seu crime. E é os interrogando, assim, que se torna possível revelar a transição que, por volta de 1870, vê a emoção pública dos condenados se tornar intolerável. A questão que se coloca é, portanto, a das condições nas quais uma "fonte" pode se tornar um material para descrever um estado afetivo passado: em virtude de que, em uma determinada sociedade, em um determinado momento, pareceu necessário, e a quem, registrar de uma forma ou outra um testemunho de afetividade?

O conhecimento e a prova: uma prática de conjunto

Dispor de uma documentação e a submeter à análise crítica não basta para dizer como tirar dela um conhecimento histórico. A questão central pode ser formulada assim: no fundo, o que é uma prova de história das sensibilidades? Em um texto raro sobre método, no qual defende a "necessidade do conjunto", Corbin (1999) estabeleceu marcos metodológicos importantes sobre esse tema. Ele afirma que, em matéria de sensibilidades, uma prova não se apresenta sob uma forma factual, mas consiste em uma série de indícios que, juntos, contêm valor probatório. Em *Saberes e odores* (Corbin, 1982), por exemplo, não é o estudo intensivo de um *corpus* de textos sobre os odores que sustenta a pesquisa, mas o recolhimento de vestígios em discursos díspares: memórias da Sociedade de Medicina, tratados de higiene e romances, entre outros. Ao recompor a lógica própria de concepções que determinam esses escritos (por exemplo, o vínculo entre mau odor e doença), o historiador tira dessas porções de texto reunidas material para reconstituir a historicidade das práticas olfativas.

Sob essa perspectiva, a história das sensibilidades é uma abordagem de dedução. O percebido e o experienciado só se tornam objetos de um conhecimento graças a uma reunião de indícios, que, por sua vez, só se tornam provas ao ocorrerem em uma estrutura argumentativa. É por isso que a pesquisa consiste em cruzar e reunir tantas fontes quanto possível. É ainda por isso que, como diz Corbin, inclinado sobre o fabricante de tamancos Pinagot e o que podia perceber de sua época, a história das sensibilidades deve também se decidir a produzir um conhecimento que muitas vezes se contenta em ser apenas provável: "Estamos, em todos esses aspectos, condenados à conjuntura. Vamos, portanto, postular. Mas, no fim das contas, quais historiadores podem se vangloriar de agir de outro modo?" (Corbin, 1998).

Micro-história e arquivos "contracorrente"

A abordagem, que se alinha à da história das mentalidades, é amplamente aceita. Para descrever como se chorava, ou como se amava, o caminho mais seguro parece passar pela coleta, familiarização e reunião de fontes judiciárias, médicas, artísticas, literárias e visuais, cuja amplitude tem por efeito (senão por objetivo) dar a esse domínio evanescente um fundamento mais sólido. Esse modo de proceder não exige menos discussão. Um ponto em particular merece atenção: unir conjuntamente evidências esparsas que documentam um tema escolhido de antemão pelos historiadores (o riso, o ódio ou os odores) não é forçar a documentação lhe exigindo o que não contém?

Em uma obra recente, consagrada às Índias holandesas do século XIX, Ann Laura Stoler (2019) enfrenta essa questão convidando a considerar "contracorrente" os arquivos do Estado colonial.

Interessando-se pelas "formas arquivísticas" que organizaram o regime imperial, pelas classificações, pelos estilos de escritos, pelas repetições, pelo que é dito e, mais ainda, pelo que não é, ela estuda os arquivos como um dispositivo de governo que utiliza sentimentos. A análise detalhada de uma manifestação sobre a Ilha de Java em 1848, nascida do sofrimento de pais que tiveram de se separar de seus filhos, permite – segundo o modo como os agentes coloniais avaliaram a "força desses sentimentos", nomearam-na e a contiveram – tirar dos arquivos um conhecimento sobre o tema, não o que era experienciado, mas a maneira pela qual o Estado o interpretava para implementar um "conhecimento afetivo" que se tornou um modo de governo. Em vez de reunir evidências díspares, é o aprofundamento de uma fonte bem precisa e a compreensão do uso que ela faz do sensível que permitem chegar a um conhecimento.

O conjunto das evidências coloca outro problema. Recompor as sensibilidades de um grupo dado nos situa em um nível muito geral da cultura. Mas nada sabemos do lugar exato que essas sensibilidades poderiam ter na vida das pessoas que pretendemos estudar. O medo, o desgosto e a alegria não são estados que se experienciam perpetuamente. Eles intervêm em uma ocasião muito precisa, que vem após alguma outra. A escala "micro", que estuda um bairro, uma rua, um grupo ou um indivíduo, como Carlo Ginzburg adotou em *O queijo e os vermes* (1980), abre a via para uma história das sensibilidades concebida como *práticas sociais situadas*. Poder afirmar que se estabelece no fim do século XIX uma intolerância nova aos maus odores que leva ao declínio das antigas concepções higienistas não é suficiente, então, para compreender o que ocorre. Detalhar um caso sobre odores que, em 1903, vê dois vizinhos se enfrentarem em uma rua de Bordeaux autoriza a revisitar a história das sensibilidades olfativas mostrando o que ela deve à textura das relações sociais, ao sentimento de legitimidade que há para mobilizar as instituições locais e às lutas que cercam a definição do que são, no estado das tradições do bairro, as nuanças aceitáveis entre vizinhos (Granger, 2023).

A história das sensibilidades, portanto, não é unificada nos métodos e nas formas de pesquisa que adota. Mas isso não é uma declaração de fraqueza. Certamente, é no cruzamento dessas abordagens que se encontra a solidez do conhecimento que ela produz.

A escolha das palavras

A história das sensibilidades requer um modo de escrita específico? A questão é espinhosa, não apenas por implicar a antiga divisão entre fazer compreender e fazer sentir, entre a história e a poesia, mas também porque coloca os historiadores na posição de terem de expressar o sensível em seu texto. A descrição de como sentíamos em tempos antigos pressupõe convencer os leitores por meio de palavras. É necessário, para isso, admitir que a escrita adote um registro mais livre, mais poético ou mesmo "ornamentado"? Michelet compôs livros cheios de paixão para fazer justiça às multidões "que não a têm muito, que gostariam de reviver" (*Journal*, 30 de janeiro de 1842). Ele queria que fossem ouvidas "as vozes" e "os sons" do povo francês, que fossem revividos os tecidos floridos do século XVIII e os corpos dançantes, em um esforço que Joris-Karl Huysmans ridicularizou, reprovando-o de "se deter diante de nadas".

Ao contrário do que ocorre em outras disciplinas, como a etnografia, a escrita suscita pouco as considerações de método em história – mesmo que a disciplina, nos últimos anos, tenha se apropriado de novas formas, da das histórias em quadrinhos às peças de teatro (Carrard, 2017). Em matéria de sensibilidades, afirma-se uma inventividade narrativa que permite abordar o que está em jogo na escolha de palavras.

A língua de Corbin merece atenção desse ponto de vista. Não empresta somente da literatura do século XIX, começando por cada uma das obras de Victor Hugo: ela estabelece, com o material sensível que estuda, um vínculo de conivência que leva os historiadores a emprestarem tanto quanto possível do vocabulário e das categorias de descrição daqueles que frequentam (Beaujour, 2004). Não se trata de *dar voz* a esses ou àqueles do passado, mas, sim, à medida que o conhecimento se organiza, de dar aos leitores o meio de experienciarem o que deveria ser experienciado e de figurarem a distância que os separam do que é descrito. As citações (abundantes) e as paráfrases inspiradas favorecem uma "história de segundo grau" que, se recusa todo julgamento sobre o passado e todo ponto de exclamação, alimenta um sistema descritivo marcado ao mesmo tempo pelo poder de evocação das fontes, o cuidado de desfamiliarizar os leitores e o prazer de reencontrar a densidade sensível de um mundo defunto. Podemos ter uma ideia dela nessa passagem de *Território do vazio* (1988), que reúne a citação (C), a paráfrase (P) e a análise sintética (A):

> A emoção necessária para a fruição do espetáculo sublime exclui o repouso, a começar pelo do olhar (P). O espaço infinito do mar cansa a visão (A). Para contemplar um objeto imenso, "o olho deve percorrer a vasta extensão desses corpos com uma rapidez extrema [...]" (C). O olho que contempla um objeto extenso, uniforme "não atinge seus limites de uma só vez; não há repouso enquanto o contempla". Ora, esse trabalho tem valor terapêutico (A).

Mas a história das sensibilidades se presta a outras estratégias discursivas. Algumas são marcadas pelo cuidado de dar uma presença sensível e respeitosa às mulheres e aos homens do passado. É o caso de Arlette Farge. Sobre "vidas encalhadas em arquivos", a historiadora se pergunta qual seria a maneira mais apropriada de evocar os personagens que aparecem nos maços de documentos úteis para sua pesquisa:

> O espaço é estreito para elaborar uma narrativa que não os anule nem os dissolva, que os mantenham disponíveis para que um dia, e em outro lugar, seja feita outra narração de sua presença enigmática (Farge, 1989).

A delicadeza da escrita favorece, portanto, um viés de modéstia e de discrição. Tornar decifráveis a miséria, a perda, a comoção ou os vigores do coração permanece, aqui, estranho a todo o voyeurismo, bem como à desenvoltura dos historiadores que, muito seguros de suas categorias, sabem classificar os vivos, mas permanecem inacessíveis ao que esses experienciam.

Nessa escrita há uma atenção às evidências. O que importa não é a coerência de uma sensibilidade passada, nem a conivência com os leitores: é o que emerge dos registros, o que é dito no presente sobre os tormentos daqueles que não os puderam expressar. Em *La nuit blanche* [A noite branca] (2002), peça de teatro abortada, que trata da execução de um jovem acusado de ter blasfemado contra o rei, Farge apresenta um texto que assume vários *status*. Ela não se limita a artifícios narrativos, como, por exemplo, a criação de um músico fictício encarregado de estabelecer um contato entre os personagens. Recria todo um universo de sentidos e emoções que extrai de seu contato íntimo com os arquivos. A invenção de diálogos é um traço importante seu. “Para eles, trabalhei no som: antes de escrever, pegava os manuscritos que havia recopiado nos arquivos (interrogatórios, testemunhos, reclamações, interpelações) e os lia longamente, um após o outro”.

As formas teatrais da história

Devido à densidade de seus eventos dramáticos e às rupturas que induziu, a Revolução Francesa se prestou a inúmeras ficcionalizações, que nem sempre conseguiram esclarecer esse momento fundador da história da França. Em 2015, para sua peça *Ça ira (1) Fin de Louis* [Tudo vai dar certo (1) Fim de Luís], Joël Pommerat propôs um dispositivo destinado a revelar, sob uma nova perspectiva, o processo revolucionário. Quatorze atores, orientados pelo historiador Guillaume Mazeau, apropriaram-se das palavras daqueles que, em 1789, contribuíram para iniciar a Revolução: os deputados dos Estados gerais e os deputados da Assembleia nacional constituinte, os membros de um comitê de bairro parisiense, as mulheres das Jornadas de outubro, e também o rei e sua família.

Nessa encenação, o viés de atualização se exprime nas vestimentas, gestos e atitudes dos atores, presentes como homens e mulheres do mundo contemporâneo. Trata-se, assim, de devolver à fala revolucionária seu valor intemporal. Os grandes nomes esperados – George Jacques Danton, Maximilien de Robespierre, Jean-Paul Marat, Camille Desmoulins – não são mencionados. As vozes entremeadas de personagens que permitiram que a Revolução tomasse forma no dia a dia criam um efeito sensível, atuando sobre os espectadores. A peça produz conhecimento histórico pela força do teatro: o público não sabe o que vai acontecer de uma cena para a outra, e os eventos revolucionários perdem, assim, seu encadeamento fatal. As palavras de atores revolucionários novamente formuladas em voz alta incitam a reconsiderar o desdobramento de grandes etapas políticas: os discursos eficazes dos contrarrevolucionários pronunciados às vésperas da abolição dos privilégios ajudam, assim, a compreender que a noite de 4 de agosto poderia não ter chegado aos resultados que conhecemos. Em definitivo, a encenação convida à reconciliação com uma história da Revolução menos escolar do que aquela à qual os franceses estão habituados, mas mais encarnada e mais apta a responder às preocupações democráticas de nosso tempo.

Tocamos, aqui, outro ponto da atividade narrativa própria à história do sensível. Como reconstituir o que deveriam ser as sensações ou os sentimentos dos atores quando nada os documenta diretamente? No livro que consagra aos filmes que encenam escravizados, Natalie Zemon Davis (2002) mostra que diretores e cenaristas continuamente se questionam sobre a reconstituição histórica. Que forma assumia o sentimento amoroso no tempo de Espártaco? Que tipo de vínculo afetivo poderia unir pais e filhos? Como se experienciava a dor e, mais ainda, que lugar devemos atribuir às emoções na narrativa? A possibilidade de alimentar a narrativa histórica abre perspectivas ricas para o cinema.

Em *De colère et d'ennui* [Sobre a raiva e o tédio], Thomas Bouchet (2018) enfrentou de outro modo esse mesmo problema da escrita histórica do sensível. Para capturar pela perspectiva das mulheres a tonalidade afetiva da Paris de 1832, a da cólera e das barricadas de junho, o historiador inventa as vozes de quatro mulheres. Tudo é falso: suas palavras, suas vidas, seus humores. E, contudo, o uso minucioso dos arquivos pesquisados durante dezenas de anos, o conhecimento apurado dos meios sociais onde ele as coloca, a mobilização de uma documentação histórica precisa com a qual adquiriu uma grande familiaridade permitem a Bouchet dar às sensibilidades uma presença muito real na narrativa histórica. O importante não é somente que os traços dessas quatro mulheres se assemelham aos de outras cujas porções de vida foram conservadas; mas principalmente que o procedimento narrativo, que mistura "o material histórico e os recursos da língua", oferece aos historiadores o meio de abordar uma realidade que a pesquisa histórica deixa inevitavelmente fluída.

> Atentei ao que elas comiam e bebiam, às relações que estabeleciam mais ou menos duravelmente com seus contemporâneos. Sem a menor ilusão sobre a possibilidade de uma ressurreição integral desse passado, simplesmente busquei forjar e restituir alguns fragmentos de real.

Uma história engajada?

A escrita da história é um modo de intervenção no espaço público. A história das sensibilidades não é exceção. Os conhecimentos que produz constituem um meio de crítica do mundo social. Essa intervenção assume várias formas. Uma delas concerne ao fato de integrar as sensibilidades no ensino da história. O objetivo não é encontrar para ela um lugar nas narrativas históricas existentes, mas imaginar, nas salas de aula, museus e coletâneas de história colaborativa, formas de pedagogia capazes de se encarregar das lógicas propriamente sensíveis das sociedades passadas.

Experiências de história coletiva conduzidas por habitantes, como aquela realizada na comunidade de trabalhadores do bairro de Bacalan em Bordeaux entre 2020 e 2022, mobilizam as sensibilidades como meio de compreensão. Após uma série de "cursos públicos", foi formado um "grupo de história", que, pela coleta de fontes e memórias locais, recompôs a tonalidade sensível do bairro, o odor dos esgotos, as sonoridades dos lugares, a má reputação e o vínculo à figura da majorete (Deluermoz, 2022b). Igualmente, muitos universitários não relutam mais ao recorrerem – notadamente sob a forma de "dramatizações" (Barnhart, 2021) – a experiências sensíveis destinadas a repensar as formas de aprender a fazer história.

O coletivo Odeuropa propõe, assim, ensinar a história pelos odores. Os alunos coletam dados sobre a presença de odores em um meio determinado, em uma época determinada, e sobre seus significados culturais. Por meio de pós, eles elaboram perfumes, como o do bálsamo de ervas e especiarias que serviu para a conservação do corpo de Guillaume d'Orange-Nassau em 1584. Passeios olfativos são organizados, permitindo aos alunos "percorrerem a história com seus narizes". A abordagem – a de um ensino da história pelos sentidos – permite, assim, devolver ao ensino da história sua textura sensível e de "tornar o passado mais tangível aos alunos" (Leemans *et al.*, 2023).

A multiplicação dessas experiências de história sensível testemunha a vitalidade de uma abordagem que encontra nas sensibilidades um novo recurso de compreensão e a ocasião de uma renovação das formas de fazer a história. Mas é necessário ver aí, também, a marca de um engajamento. Os dispositivos de imersão, com efeito, multiplicaram-se nesses últimos anos em museus e exposições. Quer se trate de instalações imersivas, de elipses de 360 graus, ou de reconstituições digitais de cenas ou de ambiências sonoras, repousam sobre a promessa enganosa de uma história devolvida à sua imediatez sensível. Trata-se de "fazer sentir" o passado, de "viver uma aventura", de penetrar "o núcleo da história", revivendo uma batalha, um jogo de palma ou a frequentação de um salão sob a forma de uma experiência afetiva. Ainda que conduza o público ao conhecimento histórico, esse uso do sensível repousa, no fundo, sobre uma negação da historicidade própria das sensibilidades. Pretender fazer reviver o passado "como se estivéssemos lá" só tem sentido se a abordagem for acompanhada de um trabalho de contextualização, de recomposição das formas da percepção e de explicitação dos objetivos propriamente históricos que, para essa ou aquela pessoa, nessa ou naquela situação, envolvem o fato de experienciar, de perceber ou de apreciar. O objetivo, bem como a contribuição, das experiências de história é, a partir de arquivos ou de testemunhos, colocar alunos e habitantes em posição de construir seu conhecimento sobre o sensível.

Mas essa dimensão, que consiste em sensibilizar para as sensibilidades, não é a única. Ela está acompanhada de outra, que podemos dizer política, que pode se resumir em uma pergunta muito simples: No fundo, a história das sensibilidades é uma história engajada? Tem uma vocação para o ser? Podemos acusar essa história de despolitizar os objetivos e os universos sociais que pretende explicar. E é certo que uma parte daqueles que a praticam não manifesta qualquer apetite pela crítica social – ou manifesta um apetite muito periférico. No entanto, enquanto conhecimento ela fornece um bom meio de esclarecer os problemas que hoje surgem na organização das sociedades, bem como sua contestação.

A história das sensibilidades é, inicialmente, conhecimento crítico, na medida em que permite explicar que as dominações de classe, de gênero ou de raça que estruturam nossas sociedades atuais estão inscritas nas carnes e que são o produto de uma formação histórica que nada tem de natural. É uma boa forma de elucidar os problemas coletivos que se colocam no presente, mas também de dar aos cidadãos os meios de agirem e pensarem com conhecimento de causa. Face às exigências ambientais atuais e ao colapso da biodiversidade, ela permite, por exemplo, mostrar que existiram relações menos tóxicas no mundo vivo e que podem armar uma conversão de nossos comportamentos.

Essa é a proposta de Estelle Zhong Mengual (2021). Ao recompor um "estilo de atenção" perdido com relação ao vivo, ela convida a "aprender a ver". Destaca que, ao contrário dos valores viris que sustentavam a conquista de terras distantes, as mulheres naturalistas do século XVIII haviam desenvolvido uma relação sensível com o mundo que as tornava particularmente atentas à fauna e à flora próximas, e que passava pela observação fina e pelo uso do "eu". Ela mostra também que essa relação sensível se perpetuou nas práticas meticulosas da fotografia botânica feminina do século XIX. Ora, a história dessa sensibilidade esquecida constitui, para sua autora, uma forma poderosa de intervenção no presente: ao garantir uma diversificação das relações com o mundo, ao mostrar que nossa versão ignora outras possíveis, trata-se de abrir a "possibilidade para as mulheres de hoje se apropriarem mais prontamente dessa [...] relação com o vivo" para tecer novamente nossos vínculos com o ambiente.

A isso se acrescenta um uso mais preciso: face à ascensão do repertório emocional em nossas sociedades – que coloca na posição dos princípios de governo a capacidade de indignar e de nos indignarmos, de nos emocionarmos e de emocionar – a história das sensibilidades, por ter como objeto justamente o dar conta dos mecanismos sociais que sustentam a fábrica das emoções, faz do conhecimento sobre o sensível um bom antídoto para a influência das paixões.

Sob esses aspectos, a história das sensibilidades tem seu lugar entre os conhecimentos necessários à emancipação.

Conclusão

Como este livro mostra, a história das sensibilidades não é mais uma história mal-amada que necessitaria ser defendida e promovida. Ela existe, prospera e, independentemente do nome que lhe dermos, está na moda. Certamente, seu reconhecimento acadêmico pode parecer imperfeito. Mas não é mais possível a considerar secundária ou subalterna. Ela não só habita uma multitude de pesquisas de grande vitalidade – do estudo dos sentidos ao das emoções – como também produz conhecimentos e implementa métodos de análise que vêm nutrir a compreensão das sociedades. Simplesmente, não é mais possível pretender dizer a verdade sobre os grupos humanos sem questionar também – da Antiguidade a nossos dias – o papel que desempenha o sensível na forma pela qual se formam, transformam-se ou se perpetuam.

O desenvolvimento dos trabalhos é acompanhado por uma grande pluralidade de abordagens implementadas. Não somente porque dispomos de uma história das formas de amar no século XII e de outra dos aborrecimentos sonoros sete séculos depois; mas porque essas histórias vêm alimentar áreas de conhecimentos muito distantes umas das outras. Tanto é que temos bons motivos para nos interrogarmos sobre o que mantém a unidade dessa história. Na realidade, como destacamos, o tema das sensibilidades não se apresenta aos historiadores como um objeto ao qual se possa dar de antemão uma forma bem-definida (sentidos, sensações, paixões, humores, entre outros) e que temos de estudar por si. Ela é, em vez disso, um instrumento de problematização do real, uma forma de elaborar problemas, que permite dar conta da dimensão afetiva e perceptiva do funcionamento das sociedades mesmo em suas formas aparentemente menos sensíveis. Por uma duplicação permanente, que é necessário considerar seriamente, ela não se contenta em estudar a construção sensível do social. Por isso, a história das sensibilidades, por sua busca por arranjos particulares do mundo, não deixa de ter relação com as diferentes ontologias que procuramos reconhecer de uma sociedade a outra, após as proposições de Philippe Descola (2005).

Mas a principal conclusão que podemos tirar deste livro não diz respeito ao que essa história das sensibilidades é ou ao que pretende fazer. Repousa muito claramente na natureza de sua contribuição ao conhecimento histórico. Ora, desse ponto de vista, é bom ouvir as críticas que lhe são dirigidas. Algumas, que veem nela sentimentalidade e despolitização do mundo, não exigem nossa atenção: os trabalhos que mobilizamos aqui bastam para provar o contrário. Outras são claramente mais úteis. Deplorando "a moda que se apropriou de algumas correntes intelectuais e que faz das 'emoções' [...] as novas chaves de inteligibilidade das lutas sociais e políticas, antigas ou presentes", Jean-Luc Chappey (2017) aponta para um ponto importante: compreender a dimensão afetiva das condutas humanas não deve levar a ver apenas ela. Mostrar o papel da emoção em uma revolta exige poder dizer também o que contém de princípios mais racionais, como a palavra de ordem ou a deliberação política. Mostrar que, na história, o casamento repousa sobre um sentimento amoroso exige poder dizer também como esse sentimento se articula em determinantes mais práticos.

Em outros termos, considerar seriamente a história das sensibilidades não é proclamar que pode tudo o tempo todo. Ao contrário, é determinar com cuidado o que é possível lhe pedir e o que convém não esperar dela. Ora, nesses limites, há muito mais do que uma declaração de fraqueza. É na forma pela qual desloca, fecunda ou consolida outros conhecimentos que a história das sensibilidades encontra sua solidez. Face à influência que a biologia e as neurociências reservam ao cérebro na explicação das sensações e emoções, ela afirma a necessidade de as submeter a uma compreensão histórica das sociedades.

Referências

ABU-LUGHOD, L. *Veiled sentiments. Honor and poetry in a Bedouin society*. Berkeley: University of California Press, 1986.

AGULHON, M. Le sang des bêtes. Le problème de la protection des animaux en France au XIXe siècle. *Romantisme*, n. 31, pp. 81-110, 1981.

AIGRAIN, A. *Des corps malades sous l'objectif. La photographie médicale dans les musées hospitaliers parisiens*, 1866-1945. Tese, Universidade Paris 1, 2023.

ALLARD, J.-N.; MONTLAHUC, P. La construction genrée des émotions dans les mondes grec et romain. *Clio. Femmes, genre, histoire*, n. 47, pp. 23-43, 2018.

AMAT, M. Le Nietzsche de Georg Simmel. Théoricien de la valeur et "moraliste métaphysique". *Archives de philosophie*, vol. 84, n. 1, pp. 115-131, 2021.

ANSALDI, S. *Fureurs et mélancolie. Philosophie, théologie et poésie à la Renaissance*. Lyon: ENS Éditions, 2017.

ARIÈS, P. *L'enfant et la vie familiale sous l'Ancien Régime*. Paris: Plon, 1960.

ARIÈS, P. *L'Homme devant la mort*. Paris: Seuil, 1977.

ARNAUD, S. *L'Invention de l'hystérie au temps des Lumières, 1670-1820*. Paris: Éditions de l'EHESS, [1977] 2014.

ARZEL, L. Les "sanglants trophées" de la conquête. Découpe des corps et guerres coloniales dans l'État indépendant du Congo, fin XIXe siècle-début XXe siècle. *Monde(s)*, vol. 17, n. 1, pp. 79-109, 2020.

ASHBROOK HARVEY, S. *Scenting salvation. Ancient Christianity and the olfactory imagination*. Berkeley: University of California Press, 2006.

ATKINSON, J. Ethnic cleansing in Roman Alexandria in 38. *Acta Classica*, n. 49, pp. 31-54, 2006.

AUERBACH, E. Mimesis. *La représentation de la réalité dans la littérature occidentale*. Paris: Gallimard, 1969, 1946.

BALAŸ, O. *L'Espace sonore de la ville au XIXe siècle*. Bernin: À la croisée, 2003.

BANTIGNY, L. *La plus belle avenue du monde. Une histoire sociale et politique des Champs-Élysées*. Paris: La Découverte, 2020.

BANTIGNY, L., COHEN, D.; GOBILLE, B. Expériences sensibles du politique. *Sensibilités*, vol. 7, n. 1, pp. 10-21, 2020.

BANTIGNY, L.; GOBILLE, B. L'expérience sensible du politique. Protagonisme et antagonisme en mai-juin 1968. *French Historical Studies*, vol. 41, n. 2, pp. 275-303, 2018.

BARBAFIERI, C. *Anatomie du mauvais goût, 1628-1730*. Paris: Classiques Garnier, 2021.

BARNAY, S. *Les Apparitions de la Vierge*. Paris: Cerf.

BARNHART, M.-A. *Can you beat Churchill? Teaching history through simulations*. Ithaca: Cornell University Press, [1992] 2021.

BATESON, G.; MEAD, M. *Balinese character. A photographic analysis*. Nova York: New York Academy of Science, [1942] 1992.

BAUDOT, P.-Y., Épitaphes oubliées. Les registres de condoléances à la mort d'un président de la République. *Mots. Les langages du politique*, vol. 84, n. 2, pp. 71-84, [1992] 2007.

BAXANDALL, M., *L'oeil du Quattrocento. L'usage de la peinture dans l'Italie de la Renaissance*. Paris: Gallimard, [1972] 1985, 1992.

BEARD, M. Les Romains riaient-ils? *Annales HSS*, vol. 67, n. 4, pp. 893-909, 2012.

BEAUJOUR, M. Une "histoire au second degré". Le style d'Alain Corbin. *French Politics, Culture & Society*, n. 22, pp. 79-90, 2004.

BETTINI, M. *Voci. Antropologia sonora del mondo antico*. Turin: Einaudi, [2004] 2008.

BIJSTERVELD, K., *Mechanical sound. Technology, culture, and public problems of noise in the twentieth century*. Cambridge: MIT Press, [2004] 2008.

BLOCH, M. *Les Rois thaumaturges. Étude sur le caractère surnaturel attribué à la puissance royale, particulièrement en France et en Angleterre*. Paris: Gallimard, [1924] 1983.

BOAS, F. *Anthropologie amérindienne*. Paris: Flammarion, 2017.

BONDS, M.-E. *Music as thought. Listening to the symphony in the age of Beethoven*. Princeton: Princeton University Press, 2006.

BONNELL, V.-E.; HUNT, L. (org.). *Beyond the cultural turn. New directions in the study of society and culture*. Berkeley: University of California Press, 1999.

BOQUET, D. *L'Ordre de l'affect au Moyen Âge. Autour de l'anthropologie affective d'Aelred de Rievaulx*. Caen: Publications du CRAHM, 2005.

BOQUET, D. *Sainte vergogne. Les privilèges de la honte dans l'hagiographie féminine au XIIIe siècle*. Paris: Classiques Garnier, 2020.

BOQUET, D.; NAGY, P. *Sensible Moyen Âge. Une histoire des émotions dans l'Occident médiéval*. Paris: Seuil, 2015.

BOUCHET, T. (2018), *De colère et d'ennui. Paris, chronique de 1832*. Paris: Anamosa, 2018.

BOURDIEU, P. *Critique sociale du jugement*. Paris: Minuit, 1979.

BOURDIEU, P. *Méditations pascaliennes*. Paris: Seuil, 1997.

BROWN, P. *Le Renoncement à la chair. Virginité, célibat et continence dans le christianisme primitif*. Paris: Gallimard, [1982] 1995.

BUCHETMANN, E. Mœurs des femmes et critique sociale entre Grande-Bretagne et Allemagne: Forkel, Carlisle et Wollstonecraft. *Annales historiques de la Révolution française*, n. 411, pp. 47-72, 2023.

BURGUIÈRE, A. *L'École des Annales. Une histoire intellectuelle*. Paris: Odile Jacob, 2006.

BURGUIÈRE, A. Pierre J.-B. d'Aussy, historien du quotidien au siècle des Lumières. *Communications*, vol. 112, n. 1, pp. 13-22, 2023.

BURKE, P. *The French historical revolution. The Annales School, 1929-1989*. Cambridge: Polity Press, 1990.

CAMBON, N. *Le savant et le cannibale. La production des savoirs britanniques et français sur l'anthropophagie, XVIIIe-XIXe siècles*. Tese, Universidade Toulouse 2, 2022.

CAROL, A. *Au pied de l'échafaud. Une histoire sensible de l'exécution*. Paris: Belin, 2017.

CARRARD, P. *History as a kind of writing. Textual strategies in contemporary French historiography*. Chicago: Chicago University Press, 2017.

CARROY, J. Les rêves de et selon Maurice Halbwachs. La science publique et l'intime partagé d'un sociologue. *Revue des sciences sociales*, n. 40, pp. 94-103, 2008.

CARROY, J.; OHAYON, A.; PLAS, R. *Histoire de la psychologie en France, XIXe-XXe siècles*. Paris: La Découverte, Grands Repères/Manuels, 2006.

CASAGRANDE, C.; VECCHIO, S. *Histoire des péchés capitaux au Moyen Âge*. Paris: Aubier, 2002.

CASETTI, F. *Screening fears. On protective media*. Nova York: Zone Books, 2023.

CHAPPEY, J.-L. Constellations. Radicalités irrationnelles. Des jeunes révolutionnaires aux anciens réactionnaires. *Agone*, n. 61, pp. 15-40, 2017.

CHARTIER, R. Histoire intellectuelle et histoire des mentalités. Trajectoires et questions. *Revue de synthèse*, n. 111-112, pp. 277-308, 1983.

CHARTIER, R. Le monde comme représentation. *Annales ESC*, vol. 44, n. 6, pp. 1505-1520, 1989.

CHRISTIN, O. *Les Yeux pour le croire. Les Dix Commandements en images, XVe-XVIIIe siècle*. Paris: Seuil, 2003.

CONNELL, R.-W. Hégémonie, masculinité, colonialité. *Genre, sexualité & société*, n. 13, 2015.

CORBEILL, A. *Controlling laughter. Political humor in the late Roman Republic*. Princeton: Princeton University Press, 1996.

CORBEILL, A. *Nature embodied. Gesture in ancient Rome*. Princeton: Princeton University Press, 2004.

CORBIN, A. *Le miasme et la jonquille. L'odorat et l'imaginaire social, XVIIIe-XIXe siècles*. Paris: Aubier, 1982.

CORBIN, A. Histoire et anthropologie sensorielle. *Anthropologie et Sociétés*, vol. 14, n. 2, pp. 13-24, 1990.

CORBIN, A. *Le village des cannibales*. Paris: Aubier, 1991.

CORBIN, A. "Le vertige des foisonnements". Esquisse panoramique d'une histoire sans nom. *Revue d'histoire moderne et contemporaine*, vol. 39, n. 1, pp. 103-126, 1992.

CORBIN, A. *Les cloches de la terre. Paysage sonore et culture sensible dans les campagnes au XIXe siècle*. Paris: Albin Michel, 1994.

CORBIN, A. *Le monde retrouvé de Louis-François Pinagot. Sur les traces d'un inconnu, 1798-1876*. Paris: Flammarion, 1998.

CORBIN, A. Le XIXe siècle ou la nécessité de l'assemblage. *In:* CORBIN, A. *et al.* (org.), *L'Invention du XIXe siècle. Le XIXe siècle vu par lui-même (littérature, histoire, société)*. Paris: Presses de la Sorbonne Nouvelle, pp. 153-159, 1999.

CORBIN, A. *L'homme dans le paysage*. Paris: Textuel, 2000.

CORBIN, A.; COURTINE, J.-J.; VIGARELLO, G. (org.). *Histoire des émotions*. Paris: Seuil, 2016-2017.

COURMONT, J. *L'Odeur de l'ennemi. L'imaginaire olfactif en 1914-1918*. Paris: Armand Colin, 2010.

CRARY, J. *L'Art de l'observateur. Vision et modernité au XIXe siècle*, Nîmes, Chambon, 1994.

CUCHET, G. Jean Delumeau, historien de la peur et du péché. Historiographie, religion et société dans le dernier tiers du XXe siècle. *Vingtième Siècle. Revue d'histoire*, vol. 107, n. 3, pp. 145-155, 2010.

CUCHET, G. *Les Voix d'outre-tombe. Tables tournantes, spiritisme et société au XIXe siècle*. Paris: Seuil, 2012.

DAVIS, N. Z. *Les Cultures du peuple. Savoirs, rituels et résistances au XVIe siècle*. Paris: Aubier-Montaigne, 1978.

DAVIS, N. Z. *Slaves on screen. Film and historical vision*. Cambridge: Harvard University Press, 2002.

DE BAECQUE, A. Apprivoiser une histoire déchaînée. Dix ans de travaux historiques sur la Terreur (1992-2002). *Annales HSS*, vol. 57, n. 4, pp. 851-865, 2002.

DE BEAUNE, S. Le proche et le lointain. La perception sensorielle en préhistoire. *L'Homme*, n. 227-228, pp. 69-100, 2018.

DELATTRE, S. *Les douze heures noires. La nuit à Paris au XIXe siècle*. Paris: Albin Michel, 2000.

DELUERMOZ, Q. Guerre civile, révolution et partages du sensible. Affecter les mots et les sens pendant la Commune de Paris, 1871. *In:* DELUERMOZ, Q.; FOA, J. (org.), *Les épreuves de la guerre civile*. Paris: Éditions de la Sorbonne, 2022a.

DELUERMOZ, Q. *La longue histoire du tuyau de Claveau*. Bordeaux: Pleine Page-Pointdefuite, 2022b.

DELUERMOZ, Q.; FUREIX, E.; MAZUREL, H.; OUALDI, M. Écrire l'histoire des émotions. De l'objet à la catégorie d'analyse. *Revue d'histoire du XIXe siècle*, vol. 47, n. 2, pp. 155-189, 2013.

DESCOLA, P. *Par-delà nature et culture*. Paris: Gallimard, 2005.

DIAS, N. *La mesure des sens. Les anthropologues et le corps humain au XIXe siècle*. Paris: Aubier, 2004.

DIXON, T. *From passions to emotions. The creation of a secular psychological category*. Cambridge: Cambridge University Press, 2003.

DUBY, G. *Le dimanche de bouvines, 27 juillet 1214*. Paris: Gallimard, 1973.

DUERR, H.-P. *Nudité et pudeur. Le mythe du processus de civilisation*. Paris: Éditions de la MSH, 1998.

DUPRONT, A. *Le mythe de croisade*. Paris: Gallimard, 1997.

EITLER, P. The "origin" of emotions. Sensitive humans, sensitive animals. *In:* Frevert, U. (org.), *Emotional lexicons. Continuity and change in the vocabulary of feeling, 1700-2000*. Oxford: Oxford University Press, pp. 91-117, 2014.

EMERIT, S. Autour de l'ouïe, de la voix et des sons. Approche anthropologique des "paysages sonores" de l'Égypte ancienne. *In:* EMERIT, S.; PERROT, S.; VINCENT, A. (org.). *Le Paysage sonore de l'Antiquité. Méthodologie, historiographie et perspectives*. Le Caire, Institut français d'archéologie orientale, pp. 115-154, 2015.

ENGAMMARE, M. *On time, punctuality, and discipline in early modern Calvinism*. Cambridge: Cambridge University Press, 2013.

ERLMANN, V. *Reason and resonance. A history of modern aurality*. Nova York: Zone Books, 2014.

FABRE, C. *La Chine à fleur de peau. Agents d'influence anglophones et francophones en Chine et différence chinoise des corps, des années 1830 au début des années 1920*. Tese, Universidade Paris 1, 2022.

FARGE, A. *Le Goût de l'archive*. Paris: Seuil, 1989.

FEBVRE, L. Une vue d'ensemble. Histoire et psychologie. *Combats pour l'histoire*. Paris: Armand Colin, [1938] 1992, pp. 207-220.

FELDMAN BARRETT, L. *How emotions are made. The secret life of the brain*. Nova York: Houghton Mifflin Harcourt, 2017.

FLAIG, E. Pompa funebris. Concurrence des nobles et mémoire collective dans la République romaine. *Actes de la recherche en sciences sociales*, vol. 154, n. 4, pp. 74-79, 2004.

FLEURY, L. Max Weber sur les traces de Nietzsche? *Revue française de sociologie*, vol. 46, n. 4, pp. 807-839, 2005.

FLEURY, L. Maurice Halbwachs, précurseur d'une sociologie des émotions. *In:* PÉQUIGNOT, B. (org.), *Maurice Halbwachs. Le temps, la mémoire et l'émotion*. Paris: L'Harmattan, 2007.

FOA, J. *Tous ceux qui tombent. Visages du massacre de la Saint-Barthélemy*. Paris: La Découverte, SH/À la source, 2021.

FORERO-MENDOZA, S. *Le Temps des ruines. Le goût des ruines et les formes de la conscience historique à la Renaissance*. Ceyzérieu: Champ Vallon, 2002.

FRÈRE, J. *Ardeur et colère. Le thumos platonicien*. Paris: Kimé, 2004.

FRIOUX, S. Documenter la transition environnementale urbaine. Sources, méthodes, valorisation. Le cas de l'agglomération lyonnaise. *Histoire urbaine*, vol. 59, n. 3, pp. 179-199, 2020.

FUREIX, E. *La France des larmes. Deuils politiques à l'âge romantique, 1814-1840*. Ceyzérieu: Champ Vallon, 2009.

FUREIX, E. La construction rituelle de la souveraineté populaire. Deuils protestataires (Paris, 1815-1840). *Revue d'histoire du XIXe siècle*, vol. 42, n. 1, pp. 21-39, 2011.

FUSTEL DE COULANGES, N.-D. *La cité antique*. Paris: Flammarion, [1864] 2009.

GALLOT, F. Les chansons des ouvrières en lutte dans les années 1968. D'une expression particulière à une combativité renforcée. *Dissidences*, n. 10, 2011.

GARRISON, M. The study of emotions in early medieval history. Some starting points. *Early Medieval Europe*, vol. 10, n. 2, pp. 243-250, 2001.

GAUNY, G. *Le philosophe plébéien*. Paris: La Fabrique, 2017.

GAUVARD, C.; GOKALP, A. Les conduites de bruit et leur signification à la fin du Moyen Âge. Le charivari. *Annales ESC*, vol. 29, n. 3, pp. 693-704, 1974.

GEERTZ, C. Bali. *Interprétation d'une culture*. Paris: Gallimard, 1983.

GIESEY, R. *Le roi ne meurt jamais. Les funérailles royales au temps de la Renaissance*. Paris: Flammarion, 1987.

GINZBURG, C. *Le fromage et les vers. L'univers d'un meunier du XVIe siècle*. Paris: Flammarion, 1980.

GINZBURG, C. *Description et citation, le fil et les traces. Vrai faux fictif*. Lagrasse: Verdier, [1988] 2010.

GRAND-CLÉMENT, A. *Au plaisir des dieux. Expériences du sensible dans les rituels en Grèce ancienne*. Toulouse: Anacharsis, 2023.

GRANGER, C. Le match et la grève, ou les usages militants de l'événement (années 1970). *Sociétés & Représentations*, vol. 32, n. 2, pp. 111-134, 2011.

GRANGER, C. Le coq et le klaxon, ou la France à la découverte du bruit, 1945-1975. *Vingtième Siècle. Revue d'histoire*, vol. 123, n. 3, pp. 85-100, 2014.

GRANGER, C. La citoyenneté au coin de la rue. D'une bagarre au village comme ressource d'intellection du politique (Cantal, 1910). *In:* GRANGER, C.; LE GALL, L.; VIGNON, S. (org.). *Voter au village. Les formes locales de la vie politique, XXe-XXIe siècles*. Villeneuve-d'Ascq: Presses universitaires du Septentrion, 2021.

GRANGER, C.; LE GALL, L.; VIGNON, S. (org.) Les odeurs de la rue de la Rousselle, ou comment faire de l'histoire avec du quotidien. *Communications*, vol. 112, n. 1, pp. 145-158, 2023.

GRANT, K. Christian critics of empire. Missionaries, lantern lectures, and the Congo reform campaign in Britain. *Journal of Imperial and Commonwealth History*, vol. 29, n. 2, pp. 27-58, 2001.

GREEN, M.-H. *Making women's medicine masculine. The rise of male authority in pre-modern gynaecology*. Oxford: Oxford University Press, 2008.

GRIBENSKI, F. *Tuning the World. The Rise of 440 Hertz in Music, Science and Politics, 1859-1955*. Chicago: Chicago University Press, 2023.

GUENÉE, B. *Histoire et culture historique dans l'Occident médiéval*. Paris: Aubier-Montaigne, 1980.

GUION, B. Comment écrire l'histoire. L'*ars historica* à l'âge classique. *Dix-Septième Siècle*, vol. 246, n. 1, pp. 9-25, 2010.

GUNTHERT, A. *Pourquoi sourit-on en photographie?* Lyon: Éditions Deux-cent-cinq, 2023.

GUTTON, J.-P. *Bruits et sons dans notre histoire. Essai sur la reconstitution du paysage sonore*. Paris: PUF, 2000.

HABLOT, L.; VISSIÈRE, L. (org.). *Les Paysages sonores du Moyen Âge à la Renaissance*. Rennes: PUR, 2016.

HAMNETT, B. *The historical novel in nineteenth-century Europe. Representations of reality in history and fiction*. Oxford: Oxford University Press, 2011.

HAMON, P. Le tocsin de la révolte. Comment l'entendre? France, XIVe-début XIXe siècle. *Histoire, économie et société*, vol. 38, n. 1, pp. 101-117, 2019.

HARTOG, F. Conjoncture fin de siècle. L'évidence en question? *Évidences de l'histoire. Ce que voient les historiens*. Paris: Éditions de l'EHESS, 2005.

HASKELL, T. Capitalism and the origins of the humanitarian sensibility. *American Historical Review*, vol. 90, n. 2, pp. 339-361 et 547-566, 1985.

HAUTBOUT, I. Émergence du document dans le roman historique. *Revue d'histoire littéraire de la France*, vol. 116, n. 4, pp. 817-828, 2016.

HAVELANGE, C. *De l'œil et du monde. Une histoire du regard au seuil de la modernité*. Paris: Fayard, 1998.

HIMMELFARB, G. *Poverty and compassion. The moral imagination of the late victorians*. Nova York: Alfred Knopf, 1991.

HOBBS, A. *Plato and the hero. Courage, manliness and the impersonal good*. Cambridge: Cambridge University Press, 2000.

HOCHNER, N. Le corps social à l'origine de l'invention du mot "émotion". *L'Atelier du Centre de recherches historiques*, n. 16, 2016.

hooks, b. *À propos d'amour. Nouvelles visions*. Paris: Divergences, [2001] 2022.

HOUBRE, G. *La Discipline de l'amour. L'éducation sentimentale des filles et des garçons à l'âge du romantisme*. Paris: Plon, 1997.

HOWES, D. *Sensual relations. Engaging the senses in culture and social theory*. Ann Arbor: University of Michigan Press, 2003.

HUANG, X. Deodorizing China. Odour, ordure, and colonial (dis)order in Shanghai, 1840s-1940s. *Modern Asian Studies*, vol. 50, n. 3, pp. 1092-1122, 2016.

HULAK, F. *Sociétés et mentalités. La science historique de Marc Bloch*. Paris: Hermann, 2012.

HULAK, F. Michel Foucault, la philosophie et les sciences humaines : jusqu'où l'histoire peut-elle être foucaldienne? *Tracés*, n. 13, pp. 103-120, 2013.

HUNT, L. *Le Roman familial de la Révolution française*. Paris: Albin Michel, 1995.

HUNT, L. *L'Invention des droits de l'homme. Histoire, psychologie et politique*. Genève: Markus Haller, 2013.

JACQUEMART, A. L'engagement au risque des sentiments. Souffrances et bonheurs dans les trajectoires de militants féministes. *Sensibilités*, vol. 7, n. 1, pp. 40-53, 2020.

JANES, L. Curiosité gastronomique et cuisine exotique dans l'entre-deux-guerres. Une histoire de goût et de dégoût. *Vingtième Siècle. Revue d'histoire*, vol. 123, n. 3, pp. 69-84, 2014.

JAQUES, M. The discourse on emotion in ancient Mesopotamia. A theoretical approach. *In:* KIPFER, S. (org.). *Visualizing Emotions in the Ancient Near East*. Fribourg: Academic Press, pp. 185-205, 2017.

JAY, M. *Downcast eyes. The denigration of vision in twentieth-century French thought*. Berkeley: University of California Press, 1993.

JOHNSON, J.-H. *Listening in Paris. A cultural history*. Berkeley: University of California Press, 1995.

JUMEAU, A. Carlyle ou le prophète ventriloque dans *The French Revolution*. *Sillages critiques*, n. 7, pp. 121-139, 2005.

KAIBARA, T. Moncrif, historien des chats. Masculinité et émotion dans la France des Lumières. *Clio. Femmes, genre, histoire*, vol. 55, n. 1, pp. 69-90, 2022.

KALBERG, S. La sociologie des émotions de Max Weber. *Revue du MAUSS*, vol. 40, n. 2, pp. 285-299, 2012.

KALINOWSKI, I. *La Mélodie du monde. Les musiques extra-européennes en Allemagne autour de 1900*. Paris: La Rue musicale, Éditions de la Philharmonie, 2023.

KANTOROWICZ, E.-H. *Laudes Regiæ. Une étude des acclamations liturgiques et du culte du souverain au Moyen Âge*. Paris: Fayard, 2004.

KASTER, R. *Emotion, restraint, and community in ancient Rome*. Nova York: Oxford University Press, 2005.

KEEVAK, M. *Becoming yellow. A short history of racial thinking*. Princeton: Princeton University Press, 2011.

KELMAN, A.-Y. Rethinking the soundscape. A critical genealogy of a key term in sound studies. *Senses and Society*, vol. 5, n. 2, pp. 212-234, 2010.

KETTLER, A. *The smell of slavery. Olfactory racism and the Atlantic world*. Cambridge: Cambridge University Press, 2020.

KONSTAN, D. La pitié comme émotion chez Aristote. *Revue des études grecques*, vol. 113, n. 2, pp. 616-630, 2000.

KONSTAN, D. *The emotions of the ancient Greeks. Studies in Aristotle and classical literature*. Toronto: University of Toronto Press, 2006.

LAQUEUR, T. *La Fabrique du sexe. Essai sur le corps et le genre en Occident*. Paris: Gallimard, 1992.

LE GOFF, J. Une enquête sur le rire. *Annales HSS*, vol. 52, n. 3, pp. 449-455, 1997.

LE JAN, R. Amitié et politique au haut Moyen Âge, Parlement(s). *Revue d'histoire politique*, vol. 11, n. 3, pp. 57-84, 2016.

LE JAN, R. *Amis ou ennemis? Émotions, relations, identités au Moyen Âge*. Paris: Seuil, 2024.

LEEMANS, I. *et al.* Knowing by sensing. How to teach the history of smell. *American Historical Review*, vol. 128, n. 3, pp. 1251-1264, 2023.

LENOIR, R. *Généalogie de la morale familiale*. Paris: Seuil, 2003.

LESTRINGANT, F. *André Thevet, cosmographie de Levant*. Genebra: Droz, 1985.

LETT, D. *Hommes et femmes au Moyen Âge. Histoire du genre, XIIe-XVe siècle*. Paris: Armand Colin, 2023.

LETT, D.; OFFENSTADT, N. (org.). *Haro! Noël! Oyé! Pratiques du cri au Moyen Âge*. Paris: Publications de la Sorbonne, 2003.

LEYS, R. The turn to affect. A critique. *Critical Inquiry*, vol. 37, n. 3, pp. 434-472, 2011.

LIMBADA, A. *La Nuit de noces. Une histoire de l'intimité conjugale*. Paris: La Découverte, 2023.

LOEZ, A. 14-18. *Les refus de la guerre. Une histoire des mutins*. Paris: Gallimard, 2010.

LOUBES, T. Le bruit de la circulation et l'invention de la pollution sonore dans les villes occidentales des années 1930, entre tournant matériel et évolution des sensibilités. *Histoire politique*, n. 43, 2021.

LUTZ, C. *Unnatural emotions. Everyday sentiments on a Micronesian atoll and their challenge to Western theory*. Chicago: University of Chicago Press, 1988.

MANASSA, C. Soundscapes in ancient Egyptian literature and religion. *In:* MEYER-DIETRICH, E. (org.). *Laut und Leise. Der Gebrauch von Stimme und Klang in historischen Kulturen*. Bielefeld: Transcript, pp. 147-172, 2011.

MARCEL, J.-C. Mauss et Halbwachs. Vers la fondation d'une psychologie collective, 1920-1945? *Sociologie et Sociétés*, vol. 36, n. 2, pp. 73-90, 2004.

MARIOT, N. *Bains de foule. Les voyages présidentiels en province, 1888-2002*. Paris: Belin, 2006.

MARIOT, N. Qu'est-ce qu'un "enthousiasme civique"? Sur l'historiographie des fêtes politiques en France après 1789. *Annales HSS*, vol. 63, n. 1, pp. 113-139, 2008.

MAZA, S. *Toy stories*. Poupées, culture matérielle et imaginaire de classe dans la France du XIXe siècle. *Revue historique*, vol. 694, n. 2, pp. 135-167, 2020.

MAZUREL, H. De la psychologie des profondeurs à l'histoire des sensibilités. Une généalogie intellectuelle, Vingtième Siècle. *Revue d'histoire*, vol. 123, n. 3, pp. 22-38, 2014.

MAZUREL, H. *L'Inconscient ou l'oubli de l'histoire. Profondeurs, métamorphoses et révolutions de la vie affective*. Paris: La Découverte, SH/Écritures de l'Histoire, 2021.

McKEE, Y. *Strike art. Contemporary art and the post-occupy condition*. Londres: Verso Books, 2016.

MENCACCI, F. La voce del banditore. Performance vocale e stili di comunicazione a Roma. *In*: *Les sons du pouvoir dans les mondes anciens. Actes du colloque international de l'université de La Rochelle*, 25-27 novembre 2010. Besançon, Institut des sciences et techniques de l'Antiquité, pp. 329-347, 2012.

MESURE, S. Sociologie allemande, sociologie française. La guerre a eu lieu. *Espaces Temps*, n. 53-54, pp. 19-27, 1993.

MINTZ, S. *Sweetness and power. The place of sugar in modern history*. Nova York: Viking Press, 1985.

MOMIGLIANO, A. *Problèmes d'historiographie ancienne et moderne*. Paris: Gallimard, 1983.

MONSACRÉ, H. *Les larmes d'Achille. Le héros, la femme et la souffrance dans la poésie d'Homère*. Paris: Albin Michel, 1984.

MONTREUIL, A. Écrire le corps du vilain. Mises en scène du corps et domination de l'aristocratie laïque dans la littérature courtoise de la France du Nord des XIIe et XIIIe siècles. *Hypothèses*, vol. 23, n. 1, pp. 241-250, 2022.

MORIZOT, B. *Manières d'être vivant. Enquêtes sur la vie à travers nous*. Arles: Actes Sud, 2020.

MOUREAUX, J.-M. Voltaire historien. Un chantier qui s'ouvre. *Revue d'histoire littéraire de la France*, vol. 101, n. 2, pp. 227-261, 2001.

MUCHEMBLED, R. *La Civilisation des odeurs, XVIe-début XIXe siècle*. Paris: Les Belles Lettres, 2017.

MÜLLER, B. *Lucien Febvre, lecteur et critique*. Paris: Albin Michel, 2003.

NAGY, P. *Le don des larmes au Moyen Âge. Un instrument spirituel en quête d'institution, Ve-XIIIe siècle*. Paris: Albin Michel, 2000.

NAKAM, G. *Au lendemain de la Saint-Barthélemy*. Paris: Anthropos, 1975.

NEWMAN, B. *Making love in the twelfth century. Letters of two lovers in context*. Filadélfia: University of Pennsylvania Press, 2016.

NOWELL, A. Upper paleolithic soundscapes and the emotional resonance of nighttime. *In:* GONLIN, N.; NOWELL, A. (org.). *Archaeology of the Night. Life after Dark in the Ancient World.* Denver: University Press of Colorado, pp. 27-44, 2018.

NYE, R. *Masculinity and male codes of honor in modern France*. Nova York: Oxford University Press, 1993.

OFFERLÉ, M. Illégitimité et légitimation du personnel politique ouvrier en France avant 1914. *Annales ESC*, vol. 39, n. 4, pp. 681-716, 1984.

OTTERSPEER, W. *Reading Huizinga*. Amsterdã: Amsterdam University Press, 2010.

PAHL, K.-M. De l'insensibilité à l'anesthésie. Indifférence, indolence et "défaut de sentiment" au XVIIIe siècle. *Sensibilités*, vol. 11, n. 1, pp. 13-25, 2022.

PANOFSKY, E. *La Perspective comme forme symbolique*. Paris: Minuit, 1975.

PAPADOGIANNIS, N. A (trans)national emotional community? Greek political songs and the politicisation of Greek migrants in West Germany in the 1960s and early 1970s. *Contemporary European History*, vol. 23, n. 4, pp. 589-614, 2014.

PAVLAKIS, D. *British Humanitarianism and the Congo Reform Movement, 1896-1913*. Farnham: Ashgate, 2015.

PETER, J.-P. *De la douleur. Observations sur les attitudes de la médecine prémoderne envers la douleur*. Paris: Quai Voltaire, 1993.

PETERS, E. "L'objet de moquerie le plus colossal et le plus honteux du monde". Récits de la honte nationale en 1660. *Dix-Septième Siècle*, vol. 275, n. 2, pp. 269-284, 2017.

PETITIER, P. *Jules Michelet. Histoire d'un historien*. Paris: Grasset, 2006.

PIRON, S. L'éducation sentimentale d'Héloïse. *Clio. Femmes, genre, histoire*, vol. 47, n. 1, pp. 155-166, 2018.

PLAMPER, J. The history of emotions. An interview with William Reddy, Barbara Rosenwein, and Peter Stearns. *History and Theory*, vol. 49, n. 2, pp. 237-265, 2010.

PLAMPER, J. Sounds of February, smells of October. The Russian Revolution as sensory experience. *American Historical Review*, vol. 126, n. 1, pp. 140-165, 2021.

PORTER, R. A touch of danger. The bedside manners of the eighteenth-century physician. *In:* CLASSEN, C. (org.). *The Book of Touch*. Londres: Routledge, 2005.

PROST, A. *Douze leçons sur l'histoire*. Paris: Seuil, 1996.

RANCIÈRE, J. *Le Partage du sensible. Esthétique et politique*. Paris: La Fabrique, 2000.

REDDY, W. Against constructionism. The historical ethnography of emotions. *Current Anthropology*, vol. 38, n. 3, pp. 327-351, 1997.

REDDY, W. *The navigation of feeling. A framework for the history of emotions*. Cambridge: Cambridge University Press, 2001.

REDDY, W. *The making of romantic love. Longing and sexuality in Europe, South Asia, and Japan, 900-1200 CE*. Chicago: Chicago University Press, 2012.

RENDU LOISEL, A.-C. Peut-on définir le paysage sonore dans les textes cunéiformes de l'ancienne Mésopotamie? Enjeux et méthodes autour des textes divinatoires. *In:* EMERIT, S.; PERROT, S.; VINCENT, A. (org.). *Le Paysage sonore de l'Antiquité. Méthodologie, historiographie et perspectives*. Le Caire: IFAO, pp. 155-174, 2015.

REY, R. *Histoire de la douleur*. Paris: La Découverte, 1993.

REY, S. *Les Larmes de Rome. Le pouvoir de pleurer dans l'Antiquité*. Paris: Anamosa, 2017.

REY, S. La misericordia romaine. Un mouvement perdu. *Sensibilités*, n. 5, pp. 124-127, 2018.

REY, S. Cris et ululements. Les pleurs romains dans leur dimension sonore. *Mètis*, n. 18, pp. 197-220, 2020.

REY, S. Le prince ému. Le gouvernement des sentiments d'Auguste aux Sévères. *Dialogue d'histoire ancienne*, vol. 48, n. 1, pp. 9-19, 2022.

REZNIKOFF, I.; DAUVOIS, M. La dimension sonore des grottes ornées. *Bulletin de la Société préhistorique française*, vol. 85, n. 8, pp. 238-246, 1988.

RIEGL, A. *L'Industrie d'art romaine tardive*. Paris: Macula, 2014.

RIVRON, V. La valorisation de la samba comme emblème national (Brésil, années 1920-1940). *Actes de la recherche en sciences sociales*, vol. 181-182, n. 1-2, pp. 126-141, 2010.

ROMIG, A. *Be a perfect man. Christian masculinity and the Carolingian aristocracy*. Filadélfia: University of Pennsylvania Press, 2017.

ROSALDO, M. *Knowledge and passion. Ilongot notions of self and social life*. Cambridge: Cambridge University Press, 1980.

ROSENBERG, W.-G. Reading soldiers' moods. Russian military censorship and the configuration of feeling in World War I. *American Historical Review*, vol. 119, n. 3, pp. 714-740, 2014.

ROSENWEIN, B.-H. Pouvoir et passion. Communautés émotionnelles en Francie au vii e siècle. *Annales HSS*, vol. 58, n. 6, pp. 1271-1292, 2003.

ROSENWEIN, B.-H. *Emotional communities in the early Middle Ages*. Ithaca: Cornell University Press, 2006.

ROSENWEIN, B.-H. *Generations of feeling. A history of emotions, 600-1700*. Cambridge: Cambridge University Press, 2015.

RUAULT, L. Une fête pour l'avortement libre. La mobilisation autour du procès des militantes du MLAC d'Aix (1976-1977). *Genèses*, vol. 107, n. 2, pp. 32-55, 2017.

SAAD, M. *Cabanis, comprendre l'homme pour changer le monde*. Paris: Classiques Garnier, 2016.

SCALES, R. *Radio and the politics of sound in interwar France, 1921-1939*. Cambridge: Cambridge University Press, 2016.

SCHEER, M. Are emotions a kind of practice (and is that what makes them have a history?). A Bourdieuian approach to understanding emotion. *History and Theory*, vol. 51, n. 2, pp. 193-220, 2012.

SCHEER, M. Topographies of emotion. *In:* FREVERT, U. (org.). *Emotional lexicons. Continuity and change in the vocabulary of feeling, 1700-2000*. Oxford: Oxford University Press, pp. 32-61, 2014.

SCHMITT, J.-C. Crieurs, cloches, chants et voix d'outre-tombe. Les sons au Moyen Âge. *Sociétés & Représentations*, vol. 49, n. 1, pp. 27-48, 2020.

SIMONETTA, L. *La connaissance par sentiment au XVIIIe siècle*. Paris: Honoré Champion, 2018.

SIMONIN, A. Actualité de la Terreur. L'apport des émotions à l'étude de la Révolution française. *Annales HSS*, vol. 77, n. 4, pp. 673-701, 2022.

SINHA, M. *Colonial masculinity. The manly englishman and the effeminate Bengali in the late nineteenth century*. Manchester: Manchester University Press, 1995.

SMAIL, D.-L. *The consumption of justice. Emotions, publicity, and legal culture in Marseille, 1264-1423*. Ithaca: Cornell University Press, 2003.

SMITH, M.-M. Producing sense, consuming sense, making sense. Perils and prospects for sensory history. *Journal of Social History*, vol. 40, n. 4, pp. 841-858, 2007.

SPALTENSTEIN, L. L'ouïe dans les réflexions sur l'harmonie du monde chez Gottfried Wilhelm Leibniz et Johann Gottlob Krüger. *Revue germanique internationale*, n. 27, pp. 73-84, 2018.

SPECTOR, C. L'émergence de la civilisation au siècle des Lumières. *In:* PIRENNE-DELFORGE, V.; QUINTANA-MURCI, L. (org.). *Civilisations. Questionner l'identité et la diversité*. Paris: Odile Jacob, pp. 77-100, 2021.

SPENCER, S.-J. *Emotions in a crusading context, 1095-1291*. Oxford: Oxford University Press, 2019.

STEARNS, P.-N. *American cool. Constructing a twentieth-century emotional style*. Nova York: New York University Press, 1994.

STERN, J. *Une histoire de la modernité sonore*. Paris: La Découverte-La Rue musicale, 2003.

STOLER, A.-L. *Au cœur de l'archive coloniale. Questions de méthode*. Paris: Éditions de l'EHESS, 2019.

STOLLER, P. *The taste of ethnographic things. The senses in anthropology*. Filadélfia: University of Pennsylvania Press, 1989.

STONE, R. *Morality and masculinity in the Carolingian empire*. Cambridge: Cambridge University Press, 2012.

TACKETT, T. *Par la volonté du peuple. Comment les députés de 1789 sont devenus révolutionnaires*. Paris: Albin Michel, 1997.

TACKETT, T. *Anatomie de la Terreur. Le processus révolutionnaire, 1787-1793*. Paris: Seuil, 2018.

TAÏEB, E. *La Guillotine au secret. Les exécutions publiques en France, 1870-1939*. Paris: Belin, 2011.

THIESSE, A.-M. *La Création des identités nationales. Europe, XVIIIe-XXe siècles*. Paris: Seuil, 1999.

THOMAS, K. *Dans le jardin de la nature. La mutation des sensibilités en Angleterre à l'époque moderne, 1500-1800*. Paris: Gallimard, [1983] 1985.

THOMPSON, E. *The soundscape of modernity. Architectural acoustics and the culture of listening in America, 1900-1933*. Cambridge: MIT Press, 2004.

THOMPSON, E. P. “Rough music”. Le charivari anglais. *Annales ESC*, vol. 27, n. 2, pp. 285-312, 1972.

THOMPSON, E. P. *La formation de la classe ouvrière anglaise*. Paris: Gallimard/Seuil, [1963] 1988.

THUILLIER, G. *L'Imaginaire quotidien au XIXe siècle*. Paris: Economica, 1985.

VALADE, P. Au miroir des sens. Paris, capitale de l'émotion de joie au service de la monarchie (XVIIIe siècle). *Histoire urbaine*, vol. 54, n. 1, pp. 55-77, 2019.

VALADE, P. L'émotion comme interaction. L'exemple de la joie publique comme langage entre le roi et ses sujets (Paris, XVIIIe siècle). *In:* BASTIEN, P. *et al.* (org.). *Émotions en bataille, XVIe-XVIIIe siècle*. Paris: Hermann, pp. 277-292, 2021.

VAN SANT, A.-J. *Eighteenth-century sensibility and the novel. The senses in social context*. Cambridge: Cambridge University Press, 1993.

VANHAEGENDOREN, K. Outils de dramatisation chez Phylarque. *Dialogues d'histoire ancienne*, suplemento 4.2, pp. 421-438, 2010.

VANNEAU, V. *Le Chien. Histoire d'un objet de compagnie*. Paris: Autrement, 2014.

VEYNE, P. *Le Pain et le cirque. Sociologie historique d'un pluralisme politique*. Paris: Seuil, 1976.

VEYNE, P. Lisibilité des images, propagande et apparat monarchique dans l'Empire romain. *Revue historique*, vol. 621, n. 1, pp. 3-30, 2002.

VIDAL-NAQUET, C. La séparation. L'amour à l'épreuve du départ au combat en août 1914. *Vingtième Siècle. Revue d'histoire*, vol. 123, n. 3, pp. 102-116, 2014a.

VIDAL-NAQUET, C. *Couples dans la Grande Guerre. Le tragique et l'ordinaire du lien conjugal*. Paris: Les Belles Lettres, 2014b.

VIDAL-NAQUET, C. Écrire ses émotions. Le lien conjugal dans la Grande Guerre. *Clio. Femmes, genre, histoire*, vol. 47, n. 1, pp. 117-137, 2018.

VIGARELLO, G. *Le Sentiment de soi. Histoire de la perception du corps, XVIe-XXe siècle*. Paris: Seuil, 2014.

VOVELLE, M. *La Mort et l'Occident, de 1300 à nos jours*. Paris: Gallimard, 1983.

WAGNER-DURAND, E. Beyond texts? Potentials and limitations of a holistic approach to collective fear in Mesopotamia. *Die Welt des Orients*, vol. 51, n. 1, pp. 10-27, 2021.

WAHNICH, S. De l'économie émotive de la Terreur. *Annales HSS*, vol. 57, n. 4, pp. 889-913, 2002.

WAQUET, F. *Une histoire émotionnelle du savoir, XVIIe-XXIe siècle*. Paris: CNRS Éditions, 2019.

WARBURG, A. *Le rituel du serpent*. Paris: Macula, [1923] 2003.

WEBER, W. *The great transformation of musical taste. Concert programming from Haydn to Brahms*. Nova York: Cambridge University Press, 2008.

WICKBERG, D. What is the history of sensibilities? On cultural histories, old and new. *American Historical Review*, vol. 112, n. 3, pp. 661-684, 2007.

WILLIAMS, R. *The country and the city*. Londres: Chatto and Windus, 1973.

WILLIAMS, R. *Keywords. A vocabulary of culture and society*. Nova York: Oxford University Press, 1976.

ZAGAMÉ A. Penser la sympathie au siècle des Lumières. La contribution des Belles-Lettres à la réflexion éthique dans la *Théorie des sentiments moraux* d'Adam Smith (1759). *Dix-Huitième Siècle*, vol. 54, n. 1, pp. 567-584, 2022.

ZASK, J. *Se réunir. Du rôle des places dans la cité*. Paris: Premier Parallèle, 2022.

ZHONG MENGUAL, E. *Apprendre à voir. Le point de vue du vivant*. Arles: Actes Sud, 2021.

EDITORA VOZES LTDA.
Rua Frei Luís, 100 – Centro – Cep 25689-900 – Petrópolis, RJ
Tel.: (24) 2233-9000 – E-mail: vendas@vozes.com.br